A. Casarella
avec la collaboration de R.

LEÇONS DE KUNGFU WUSHU

ÉDITIONS DE VECCHI S.A.
52, rue Montmartre
75002 PARIS

Malgré l'attention portée à la rédaction de cet ouvrage, l'auteur ou son éditeur ne peuvent assumer une quelconque responsabilité du fait des informations proposées (formules, recettes, techniques, etc.) dans le texte.
Il est conseillé, selon les problèmes spécifiques – et souvent uniques – de chaque lecteur, de prendre l'avis de personnes qualifiées pour obtenir les renseignements les plus complets, les plus précis et les plus actuels possible.

Nous remercions les maîtres Walter Lorini et Yang Lin Sheng pour les photographies fournies

Sauf indication contraire, les photographies sont de M. Giberti

Traduction de Marie-Christine Bonnefond

Imprimé en Italie

INTRODUCTION

Le kungfu, ou wushu, est typique de la culture chinoise, l'une des plus anciennes et des plus complexes qui soient au monde ; issu de cette culture, le kungfu est, lui aussi, un art ancien et complexe, et le fait qu'on l'ait scindé en une multitude de styles et de méthodes ne permet pas de cataloguer et de décrire facilement ses techniques, qui sont parfois nettement différentes d'une école à l'autre. Nous sommes donc conscients qu'explorer le vaste répertoire technique du kungfu est une tâche ardue et que lui donner l'importance qui lui convient dans l'espace réduit qu'est un livre n'est pas chose facile.

Le kungfu est auréolé d'un mystère injustifié, qui s'explique par le fait qu'il est souvent présenté d'une manière peu claire et peu scientifique. Nous, au contraire, nous traiterons ce sujet sous un angle strictement technique, écartant les côtés folkloriques qui stimulent l'imagination mais distraient le pratiquant de la réalité technique du kungfu ou même qui l'amènent à penser qu'un jour il arrivera à faire des gestes improbables et qui n'existent qu'au cinéma.

Le kungfu n'a ni secrets ni techniques secrètes, il offre seulement une vision plus large et plus profonde de l'art martial, qui doit souvent régler ses comptes avec les limites physiques des pratiquants et des enseignants. Nous exposerons les sujets de façon qu'ils puissent être partagés par la majeure partie des pratiquants ou par ceux qui souhaitent découvrir cette fascinante discipline. Nous présenterons et décrirons les techniques et les mouvements qui sont pratiqués le plus souvent dans les clubs, nous les illustrerons ensuite par leurs applications en combat choisies parmi les plus simples, à la portée de tous. Notre souhait est que tous les passionnés puissent trouver dans ce livre l'envie d'approfondir et de développer leur technique du kungfu, en saisissant l'essence de cet art martial magnifique.

(Photo Walter Lorini)

TRANSCRIPTION ET PRONONCIATION DU CHINOIS

La langue nationale chinoise est le mandarin, ou Putonghua, mais il existe de nombreux dialectes, dont certains très différents de la langue officielle, comme le cantonais ou le dialecte du Fujian.
C'est ainsi que, surtout pour les styles de kungfu pratiqués à Hong Kong et dans les régions méridionales, on utilise des termes dérivés des dialectes du Sud. Ceci était, surtout par le passé, à l'origine de quelques problèmes et d'une certaine confusion. Heureusement, aujourd'hui, les choses sont en train de changer, et, en Chine comme dans le reste du monde, on tend à n'utiliser progressivement que la langue nationale.
Il faut aussi prendre en considération le fait que souvent une technique est appelée différemment selon le style pratiqué, ce qui désoriente ceux qui ne maîtrisent pas bien la langue chinoise.
Pour pallier cet inconvénient, nous avons choisi de désigner dans ce livre chaque technique sous son nom le plus courant et d'en faire apparaître la traduction à côté.
En ce qui concerne les noms, nous avons utilisé le système de translittération officiel de la Chine, que l'on appelle l'alphabet pinyin (avec quelques exceptions pour le terme « kungfu », qui, en pinyin, s'écrit « gongfu »).
Pour ce qui est de certains mots composés, nous avons préféré les écrire en un seul mot, contrairement à ce qui se fait d'habitude : par exemple, le lecteur lira « kungfu » au lieu de « kung-fu », ou « wushu » au lieu de « wu shu », écriture propre à l'alphabet pinyin parce que ces mots expriment un concept unique.

Prononciation selon l'alphabet pinyin

b :	b ou p doux
c :	z sourd comme dans tsé-tsé
d :	d ou t doux
e :	ouvert comme dans guêpe dans les diphtongues, muet dans les autres cas
g :	g ou c guttural
h :	toujours aspiré
j :	g palatal
k :	k très explosif
p :	p très explosif
q :	c palatal
r :	j comme dans je
t :	t très explosif
w :	u
x :	ch sifflant
y :	i
ch :	tch palatal, comme dans tchin-tchin, mais plus dur
sh :	ch comme dans chaud, mais plus dur
ui :	oueï
zh :	dj palatal comme dans Johnny, mais plus dur

ORIGINE ET HISTOIRE

Les arts martiaux sont l'une des expressions de la culture et de l'esprit de la Chine.
Le wushu, plus connu en Occident sous le nom de kungfu, naît et se développe parallèlement à l'histoire de ce pays fascinant, immense territoire longtemps marqué par des guerres contre des peuples d'envahisseurs et par de cruelles luttes internes.
Le système politico-social de type féodal, dont la Chine n'est sortie qu'au début du XXe siècle, a depuis toujours poussé les communautés à pourvoir de façon autonome à leur propre défense.
De là sont nés et ont évolué de nombreux systèmes de combat, ayant chacun leurs propres caractéristiques en fonction des nécessités techniques, du contexte géographique, culturel et racial, des objectifs même des diverses méthodes, et enfin des qualités physiques et psychologiques des pratiquants.
Les premiers témoignages remontent à la période préhistorique, lorsque la massue et les pierres sont les seuls instruments employés pour combattre. Par la suite, la massue devient bâton puis, en attachant à son extrémité une pierre taillée, l'homme crée la lance. Avec l'avènement du bronze et du fer, la lance se perfectionne et les nouvelles armes apparaissent.

(Photo Yang Lin Sheng)

Le célèbre maître Kuo Yun Shen sur l'une des rares photos d'époque (XIXe siècle) au cours d'un combat pendant la période Qing

KUNGFU ET WUSHU

Kungfu est le terme le plus connu par les Occidentaux pour désigner les arts martiaux chinois. wushu, qui signifie littéralement « arts martiaux », est au contraire le terme utilisé en Chine, et seulement récemment en Occident. Dans ce livre, nous emploierons indifféremment les deux termes. En réalité, en Chine, le kungfu ne désigne pas uniquement les arts martiaux, mais est employé pour indiquer quelque chose qui a exigé effort et persévérance : un diplôme, une œuvre d'art, une entreprise extrême peuvent être « kungfu », c'est-à-dire, selon le sens littéral du terme, « résultat d'un dur travail » ou encore « améliorer par l'étude », parce qu'ils sont le résultat d'une implication totale de la part d'un individu pour atteindre un objectif particulier.

Au fur et à mesure que les moyens et les techniques améliorent le combat, d'instrument nécessaire à la survie, il commence à se parer de valeurs supérieures et devient un art et une façon de s'entretenir.

En Chine, au cours de la période des États combattants (453-222 avant J.-C.), la passion pour les armes et les techniques martiales était courante autant parmi les militaires que dans la population ; les témoignages écrits sur l'habileté développée par les hommes et les femmes à cette époque sont nombreux.

Des compétitions étaient même organisées pour régler les relations politiques entre les différents États, et il était assez banal de rencontrer des personnes qui montraient avec orgueil leurs cicatrices, témoins de leur courage et de leur valeur dans le combat.

Pendant la dynastie Han (206 avant J.-C. - 220 après J.-C.), les arts martiaux se développèrent et prirent une valeur plus sportive : par exemple, on vit apparaître dans les compétitions les premières protections rudimentaires. On améliora les armes, et, en particulier, l'épée à double tranchant subit une évolution importante.

Au cours de l'époque Tang (618-907 après J.-C.), les arts martiaux en Chine se développèrent encore davantage. Grâce au nouveau système d'examen pour sélectionner les responsables militaires, qui permettait aux experts de kungfu d'obtenir des charges prestigieuses et d'améliorer leurs revenus, on encouragea la pratique et l'étude des arts martiaux à tous les niveaux de la société.

Au cours de la dynastie Song (960-1279 après J.-C.) et de la dynastie Ming, qui suivit (1368-1644 après J.-C.), le kungfu connut un large succès parmi le peuple aussi bien en tant que technique de défense que comme pratique gymnique. On assista également à la prolifération d'un grand nombre d'écoles et d'associations, souvent en lutte les unes contre les autres pour asseoir leur propre prestige.

C'est à cette époque que devint très populaire le leitai, compétition à mains nues qui se déroulait sur un plancher surélevé et dans laquelle, en cas de K.-O. ou lorsqu'il était éjecté hors de la zone de combat par son adversaire, le combattant était déclaré vaincu.

Ces rencontres suivaient en général des règles, mais il n'était pas rare que les défis dégénèrent en duels sanglants. C'est également pendant la dynastie Ming que furent écrits d'importants textes sur les arts martiaux, qui sont de véritables classiques et dont les principes sont valables encore aujourd'hui.

La dynastie manchoue des Qing (1644-1911 après J.-C.) vit l'apparition d'un bon nombre des styles encore pratiqués à ce jour, du taiji au bagua, du tongbei au tanglang, mais aussi des sociétés secrètes, telles que le Lotus blanc, la Lance rouge ou le Poing de la suprême harmonie, créées pour combattre et ruiner la dynastie régnante, mal supportée, et rétablir la dynastie Ming. De nombreux pratiquants furent emprisonnés ou exécutés pour actes subversifs. Les monastères Shaolin, dans la région du Henan et dans celle du Fujian au Sud, furent détruits car considérés comme dangereux pour la sécurité de la dynastie régnante. En 1727, la pratique populaire du kungfu fut prohibée, mais ceci n'eut comme effet que de renforcer la prolifération des sociétés secrètes. De nombreux pratiquants et maîtres célèbres moururent ou furent exécutés suite à la désastreuse révolte des Boxers, mouvement xénophobe associé à la société secrète du Poing de la justice et de l'harmonie.

Avec la révolution de 1911 commença un processus de

(Photo Walter Lorini)

On conseille de pratiquer le kungfu dès le plus jeune âge : en effet, il servira à donner équilibre, coordination et force

LA POPULARITÉ DU KUNGFU EN OCCIDENT

Lorsque, dans les années 1970, furent projetés dans nos salles de cinéma les premiers films de kungfu « made in Hong Kong », un large public se passionna pour ces pellicules et par la suite découvrit les arts martiaux chinois.

À cette époque, sociologues et intellectuels se penchèrent sur cet engouement pour analyser et expliquer les raisons du succès de ces films, souvent pas très bons et mal joués ; quel était le secret d'un tel consensus de la part du public ?

Ces films parlaient d'hommes et de femmes qui réagissaient aux injustices perpétrées par le méchant de service grâce à de longs entraînements, à une discipline dure et à des techniques « spéciales » grâce auxquels ils accomplissaient des gestes héroïques au point qu'ils semblaient presque surnaturels. Héros romantiques, qui incarnaient des valeurs fortement individuelles souvent refoulées dans les sociétés modernes ; des valeurs aussi parfois discutables, comme le désir de vengeance, mais de toute façon des valeurs tendant toujours vers l'affirmation de l'individu et de ses qualités les plus nobles, à travers des moyens que nous possédons tous, à savoir notre corps et notre volonté. Bruce Lee a été en même temps mythe et icône de cet idéal : l'homme guerrier qui combat le mal avec les armes les plus simples dont il dispose, ses mains et ses pieds, mais avec un art qui confine à la perfection et qui transcende le geste de violence pure. Ce chevalier de la justice a incarné, grâce à ses armes naturelles et à sa façon superbe de les utiliser, les valeurs les plus nobles et les plus héroïques pour l'homme moyen et a réussi à fasciner des foules immenses et à leur faire découvrir un monde jusqu'alors inconnu d'elles.

Les films sur les moines guerriers Shaolin ou ceux sur les maîtres taoïstes ont fortement impressionné l'imaginaire collectif, qui a finalement découvert l'harmonie entre le sacré et le profane : poings et sagesse, religiosité et courage guerrier ont présenté un monde nouveau aux passionnés et aux curieux.

modernisation des arts martiaux chinois, grâce aussi aux échanges culturels avec les pays occidentaux.
En 1919, à Shanghai, fut fondée l'Association Jing Wu par le célèbre maître Huo Yuanjia, qui voulait abattre les barrières entre les différents styles et promouvoir une façon nouvelle, moderne et scientifique d'étudier les arts martiaux.
À partir de la République populaire de Chine, le wushu a subi d'autres transformations. Pendant les années 1950, la commission sportive du gouvernement mit en place un programme de redéfinition des arts martiaux, dans le but de faire du wushu une pratique sportive de masse. Mais le wushu a survécu parmi la population, qui a continué à le pratiquer en secret, même pendant la Révolution culturelle.
Dans les années 1970 et 1980, le gouvernement a fait un grand travail pour faire du wushu une pratique sportive de renommée mondiale, au même titre que la gymnastique artistique, standardisant certains styles et exaltant les aspects gymniques et acrobatiques au détriment de ceux strictement martiaux. Récemment, étant donné l'intérêt de l'Occident pour les aspects plus traditionnels du wushu, le gouvernement chinois a encouragé la création d'écoles, d'associations et de groupes d'études et de recherche autour du wushu traditionnel, qui ont favorisé son retour et l'ont valorisé.

LE KUNGFU AU CINÉMA

Par S. Di Marino

Le kungfu et les arts martiaux font partie depuis des siècles de la culture chinoise, même sous leurs formes les plus spectaculaires : il suffit de penser à la célèbre école de l'Opéra de Pékin dans laquelle on enseigne des techniques et des acrobaties issues des styles de combat les plus courants. Dès l'aube du XXᵉ siècle (vers les années 1920), le cinéma populaire chinois a exploité la trame et les techniques martiales, par exemple : *The Burning of the Red Lotus Monastery*, un petit chef-d'œuvre de 1929 qui fut malheureusement détruit, racontait les hauts faits d'un groupe de moines Shaolin pris au piège pendant l'époque Manchoue dans un monastère, histoire reprise en 1997 par le metteur en scène Ringo Lam dans son film *Burning Paradise*.
Dans les années 1950 à Hong Kong, une série de films remporta un grand succès populaire ; ces histoires étaient inspirées par un personnage qui avait réellement existé, Wong Fei Hung, célèbre maître de Canton, qui vécut entre la fin du XIXᵉ siècle et les premières années du XXᵉ siècle. Kwan Tak Hin, maître du style de la Grue blanche et l'un des premiers à utiliser de véritables techniques martiales au cinéma, lui prêta ses traits (ainsi que ses aptitudes martiales). Mais le véritable boom cinématographique des arts martiaux chinois devait arriver dans les années 1960-1970.
Il y eut d'abord les films *wuxiapian*, histoires de cavaliers errants et de spadassins directement issus de la tradition littéraire mandarine (de Shanghai) et transposés à Hong Kong grâce au génie de metteurs en scène comme King Hu (auteur de *A Touch of Zen* et *The Fate of Lee Khan*) et Zhang Cheh (dont nous nous rappellerons le film The *One Armed Swordsman*, qui relate les aventures d'un spadassin manchot). Il

s'agit d'aventures fantastiques dans lesquelles il n'est pas rare de voir les protagonistes voler et faire se déchaîner des flux d'énergie magique. Ce sont des films d'époque qui sont rarement arrivés jusqu'à nous et peu appréciés par le public occidental.
L'Occident s'enthousiasma, au contraire, pour un autre filon martial, le gongfupian, constitué d'histoires plus modernes et réalistes dans lesquelles, finalement, on pouvait voir le kungfu pratiqué à mains nues. La première idole de ce filon fut Jimmy Wang Yu, metteur en scène et interprète de *The Chinese Boxer* et de *One Armed Boxer*, inspiré par *The One Armed Swordsman*, en version moderne. Le nouveau filon eut un succès immédiat à Hong Kong, mais nous n'en aurions probablement jamais entendu parler si *King Boxer* n'était pas arrivé par hasard dans un cinéma de Beyrouth, faisant, contre toute attente, sauter les guichets de location.
C'est ainsi que les films de kungfu débarquèrent en Occident et qu'ils ouvrirent la voie à Bruce Lee, qui n'en tourna que quatre (*La Fureur du dragon, Opération dragon, La Fureur de vaincre, Le Jeu de la mort*), mais devint très rapidement une idole pour tous les passionnés.
Après sa mort, qui resta pour beaucoup mystérieuse et dont les circonstances ne furent jamais totalement éclaircies, l'intérêt des producteurs occidentaux pour le kungfu diminua rapidement, il ne fut ravivé que plusieurs années plus tard par des films avec Chuck Norris et Van Damme, qui, en réalité, sont des histoires de karaté avec un soutien technique et scénographique très différent des films de Hong Kong.
Cependant, dans l'ex colonie britannique, naissaient de nouveaux talents. Nous nous souvenons en particulier de Jackie Chan et de Samo Hung, deux acteurs chorégraphes metteurs en scène formés à l'école de l'Opéra chinois, que nous avons déjà citée. Malheureusement, la majeure partie de leurs films (les meilleurs et spécialement ceux de kungfu) n'existent qu'en version originale sous-titrée en anglais. Mais l'effort sera payant. Des films comme *Drunken Master 1* et *2* sont parmi les meilleurs du genre jamais réalisés. Le metteur en scène et chorégraphe de Jackie Chan est Yuen Woo Ping, authentique maître d'arts martiaux chinois, récemment redécouvert pour avoir réglé les combats du film *Matrix*, avec Keanu Reeves et Larry Fishburne. Un autre metteur en scène véritablement expert en arts martiaux est le chorégraphe des scènes d'action de la Shaw Brothers, très puissante compagnie de production de Hong Kong, Liu Chia Liang. Acteur dans des dizaines de films, il est célèbre pour avoir été appelé par les techniciens de la Chine populaire pour diriger les séquences de combat d'une série de films sur les arts martiaux du temple de Shaolin.
C'est justement grâce à cette série que le public découvrit l'un des nouveaux interprètes de kungfu, que l'on considère aujourd'hui comme le véritable héritier de Bruce Lee : Jet Lee, expert de wushu et des styles spectaculaires, qui a aussi tourné en Occident dans des films comme *L'Arme fatale 4*. À Hong Kong, Jet Lee est très célèbre surtout pour son interprétation du docteur Wong Fei Hung, dans une suite de la série des années 1950 réalisée au début des années 1990 par le réalisateur Tsui Hark, sous le titre de *Once Upon a Time in China*, dont il a tourné six épisodes. Outre des histoires en costumes, Jet Lee a interprété de très nombreux gongfupian tels que *The Hitman, Born to Defend* et *Fist of Legend*, le remake de *La Fureur de vaincre* (dont le titre original était *Fist of Fury*). N'oublions pas qu'à Hong Kong il existe aussi un filon florissant de films d'arts martiaux mettant en scène des protagonistes féminines. L'Américaine Cynthia Rothrock y a rencontré ses premiers succès avant de tourner aux États-Unis (où elle a tourné entre autres le film *Lady Dragon*) ; mais la palme revient naturellement à deux actrices orientales : la Chinoise d'origine malaisienne Michelle Yeoh (que nous avons vue aux côtés de James Bond dans *Demain ne meurt jamais*), protagoniste de la série *In the Line of Duty*, et la Japonaise Yukari Oshima (*Dreaming the Reality* et *Lady Panther*), souvent cantonnée dans les rôles de « méchante », comme beaucoup d'acteurs d'origine nipponne.
Pour plus d'informations concernant le cinéma des arts martiaux, voir *Bruce et Brandon Lee, le cinéma des arts martiaux*, de Stephen Gunn, Milan, 1998.

LA DIFFUSION DU KUNGFU

L'émigration du peuple chinois et donc l'augmentation de la communauté chinoise à l'étranger ont permis d'implanter le kungfu et sa pratique aux quatre coins du monde. S'il fut d'abord jalousement gardé par les Chinois et enseigné seulement à l'intérieur de la communauté, au cours des trente dernières années son enseignement s'est progressivement ouvert aux Occidentaux.
Une partie du kungfu a inévitablement subi des contaminations et des évolutions diverses dans différents pays :
– en Indonésie et en Malaisie, on pratique le kuntao, qui est le kungfu des communautés chinoises locales adapté au contexte géographique et culturel ;
– dans les États d'Amérique du Sud, le kungfu s'est certainement ressenti de l'isolement culturel de ces communautés ;
– en Amérique du Nord, le kungfu a subi l'influence de la culture pragmatique de ce peuple, ainsi que la contamination par d'autres systèmes martiaux ;
– au Japon, le kungfu est aujourd'hui très populaire, d'une part parce que d'excellents maîtres chinois ont émigré dans ce pays, d'autre part parce que la proximité géographique et culturelle des deux pays favorise l'étude des arts martiaux chinois, aujourd'hui comme par le passé.
Mais la diffusion du kungfu n'est pas seulement liée aux mouvements migratoires des Chinois ; il existe en Europe de nombreuses écoles fondées par des maîtres locaux qui ont étudié et se sont formés en Chine ou à Taïwan.

LE WUSHU TRADITIONNEL ET MODERNE

On peut actuellement diviser les arts martiaux chinois en deux grandes catégories :
– traditionnel ;
– moderne.

Sous le nom de wushu traditionnel, on désigne les écoles et les styles communément pratiqués hors des circuits institutionnels, en Chine, mais aussi à Taïwan et dans le reste du monde. Dans cette catégorie sont répertoriés pas moins de trois cents écoles et styles différents. Le wushu traditionnel est aussi appelé, en Chine, wushu populaire, car il est considéré comme le produit et le patrimoine de la culture populaire chinoise.
Le wushu moderne est au contraire le résultat d'une tentative de standardisation des styles traditionnels mise en place par les appareils gouvernementaux de la Chine populaire, qui ont favorisé la recherche et la pratique du wushu comme une discipline sportive et gymnique, négligeant et parfois même interdisant la pratique traditionnelle à des fins de combats. Commencé dans les années 1950, ce processus a porté le wushu au rang de discipline

(Photo Walter Lorini)

Une phase de combat simulé qui montre un athlète affrontant trois adversaires

sportive de haut niveau, comprenant différents secteurs ou spécialités de compétition.

1. *Taolu,* forme. Cela consiste à exécuter un ensemble d'enchaînement de techniques, simulant un combat imaginaire contre un ou plusieurs adversaires. Actuellement, on distingue dans les compétitions de taolu différents groupes :
– chang quan, la synthèse des plus grandes écoles du nord ;
– nan quan, la synthèse des principales écoles du sud ;
– taiji quan, le style interne le plus pratiqué ;
– xinyi et bagua, deux styles internes ;
– tongbi et pigua, deux styles externes ;
– styles imitatifs, tous les styles qui imitent les animaux, comme la boxe de l'aigle, la boxe du singe ou la boxe de la mante religieuse ;
– les autres styles, c'est-à-dire les styles qui n'entrent dans aucune des catégories citées.

2. *Duilian,* combat préétabli. C'est une simulation de combat entre deux ou plusieurs adversaires, armés ou désarmés.

3. *Sanda,* combat libre sportif. C'est une spécialité de combat dans lequel les deux adversaires, bien protégés, s'affrontent en utilisant des techniques de poing, de coups de pied et de lutte.

4. *Tuishou,* mains qui poussent. Le tuishou est un exercice typique du taiji quan, dans lequel on cherche à déséquilibrer son adversaire et à le pousser à l'extérieur de l'espace de compétition, sans avoir recours à la force brute et sans saisir, mais en utilisant sa propre sensibilité et la force de l'adversaire.

LES BASES PHILOSOPHIQUES

S'il est vrai que le kungfu s'est développé par nécessité de guerre et pour se défendre, il est vrai aussi qu'il a été influencé de manière déterminante par les écoles religieuses les plus importantes, le taoïsme et le bouddhisme chan.

LE TAOÏSME

Dès l'aube de la civilisation chinoise, il y eut des hommes qui aimaient se retirer et vivre dans la solitude des montagnes, loin des affaires mondaines de la société. Là, seuls et en contact avec la nature, ils apprenaient à observer l'univers et les lois qui le régissent et à vivre en harmonie avec eux. Ils appelèrent les lois le « dao », qui signifie la « voie », c'est-à-dire le chemin parcouru par la nature et l'univers. C'est pour cela qu'on les appela les « dao-ren » ou taoïstes, c'est-à-dire les hommes qui suivent le dao.

YIN ET YANG

À la base du dao se trouve le principe du yin et du yang. Tout ce qui existe dans la nature est le produit de deux forces opposées et complémentaires, le yin et le yang, qui garantissent l'avenir en se succédant l'une à l'autre et en se transformant l'une dans l'autre. Yin est le pôle féminin, c'est le doux, l'ombre, le froid, le bas ; yang est le pôle masculin, c'est le dur, la lumière, le chaud, le haut...
Dans la nature, tout exprime l'alternance harmonieuse du yin et du yang : par exemple, le jour succède à la nuit et la nuit au jour.
Même en plein midi, qui représente le maximum du yang, on peut trouver le yin, l'ombre ; même l'obscurité de la nuit est atténuée par la clarté resplendissante de la lune et des étoiles. Ainsi, dans la nature, le yin et le yang cohabitent, se mêlent, et l'un ne peut se passer de l'autre.

WUDANG

La région montagneuse du Wudang se trouve dans la province du Hubei, au centre de la Chine ; les caractéristiques naturelles de cet endroit en font une très belle région, difficilement accessible. Grâce à ces qualités, le Wudang est l'un des sites préférés des taoïstes, qui, au cours des siècles, y ont érigé de nombreux monastères et ermitages. Des sages et des taoïstes immortels vécurent dans le Wudang, et de nombreux styles de kungfu, qu'ils pratiquaient, ont vu le jour dans cette région.

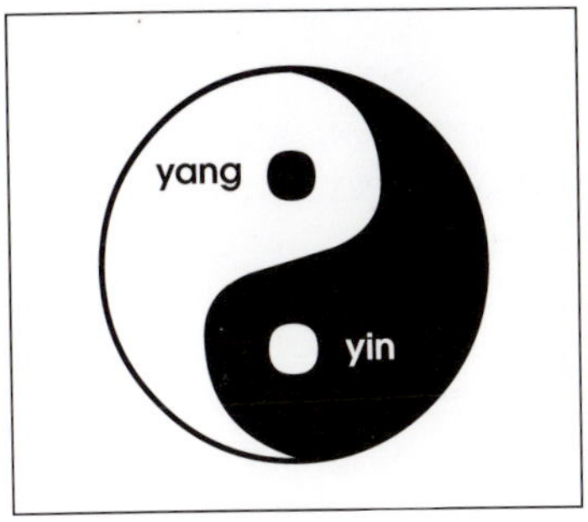

LA MUTATION

Les taoïstes comprirent que tout, dans la nature comme dans la vie, est mutation ; comme les saisons se suivent, comme l'eau court dans les torrents, ou comme les nuages changent de forme et deviennent pluie. La mutation, entendue dans le sens de devenir incessant, est la nature même des choses qui suivent un cycle. La graine devient une plante qui donne des fleurs et des fruits qui eux-mêmes portent des graines qui à leur tour deviendront plante, tandis que les feuilles tombées serviront d'engrais pour les autres plantes, et ainsi de suite. Le principe physique selon lequel « rien ne se crée ni ne se détruit, mais tout se transforme » était déjà clair pour les sages taoïstes il y a plusieurs milliers d'années. La pensée taoïste, avec ses observations attentives, a profondément influencé la culture chinoise : l'art, la médecine, l'architecture, l'ingénierie et même la cuisine sont le résultat de cette vision, comme c'est le cas pour les arts martiaux et en particulier les arts des styles internes.

LES STYLES

Ge Hong, médecin et philosophe taoïste de l'époque Jin, introduisit le concept de neigong, ou travail intérieur, dans le kungfu. Il souligna l'importance de l'énergie interne qi et de l'essence jing, le mental xin et l'esprit shen, qu'il faut cultiver afin d'améliorer sa vitalité et ses prestations au cours du combat. Sa conception posait les bases de ce qui allait être la distinction, telle qu'elle existe encore actuellement, du kungfu entre styles externes et styles internes.
Les *styles externes* accordent plus d'importance au travail extérieur, à l'usage de la force musculaire et aux qualités athlétiques.
Les *styles internes* mettent l'accent sur la conscience et sur la valorisation des ressources intérieures, dans lesquelles le corps et l'esprit sont en harmonie avec la respiration.
L'exemple le plus caractéristique de l'application des principes taoïstes aux arts martiaux est le taiji quan, qui exploite « le doux pour vaincre le dur ».
On raconte que ce fut le sage taoïste Zhang Sanfeng qui créa les vases du taiji en observant le combat entre un serpent et une grue. Que ceci soit vrai ou pas importe peu, mais cela indique clairement l'aptitude des taoïstes à retirer de la nature des sources inépuisables d'enseignement. En revanche, il est vrai que, souvent, les ermites se trouvaient face à face avec des

DAODEJING

« La chose la plus molle au monde se précipite sur la chose la plus dure au monde. Rien au monde n'est plus mou ni faible que l'eau ; mais lorsqu'elle se jette sur ce qui est dur et fort, rien ne peut la combattre. Sans substance, elle pénètre dans ce qui n'a pas d'interstices. » (Lao Tse)

LIE TSU

« Sous le ciel se trouve une Voie qui toujours vainc et une qui jamais ne gagne. La Voie qui toujours vainc a pour nom douceur, la Voie qui jamais ne gagne a pour nom force. L'une et l'autre se reconnaissent facilement, mais les hommes ne les connaissent pas. D'où le très vieux dicton : "Le fort préfère celui qui ne l'égale pas, l'accommodant préfère celui qui lui est supérieur." Celui qui préfère ce qui ne l'égale pas court un danger s'il rencontre un individu semblable à lui ; celui qui préfère ce qui lui est supérieur ne craint pas le danger. » (Lie Tsu, *La Sublime Vertu du creux et du vide*)

animaux féroces comme des tigres et des ours, et, pour ne pas être considérés comme des proies, ils apprirent à les imiter dans leur comportement.
Ceci leur permit de comprendre les attitudes des animaux et de les utiliser à leur avantage dans les combats.
Les taoïstes étudièrent les forces de la nature, le vent, l'eau, le feu, et appliquèrent leurs principes au combat.
Le bagua, par exemple, parmi l'un des principaux styles internes, comprend des techniques qui rappellent la course impétueuse d'un torrent en crue, élément dont la puissance est effrayante.
Le xing yi quan, se fonde sur cinq techniques, associées à la loi des cinq éléments (la terre, l'eau, le métal, le feu, le bois), d'origine taoïste, sur laquelle s'appuie la médecine traditionnelle chinoise.

MACROCOSME ET MICROCOSME

Selon les principes taoïstes, l'individu lui-même est un univers avec les mêmes caractéristiques que la nature, en conséquence les lois qui régissent l'univers sont les mêmes que celles qui régissent l'homme. C'est ainsi que l'on peut ramener l'homme aux cinq principaux éléments : la terre, le feu, l'eau, le métal, le bois. Les cinq éléments sont reliés les uns aux autres par un processus de génération : le bois produit le feu, le feu la terre, la terre le métal, le métal donne naissance à l'eau et l'eau au bois. Chaque élément en rappelle d'autres et entre en relation avec eux : par exemple, le bois rappelle à l'esprit le printemps, le vert, le foie, les muscles, la colère, etc.
Chez l'homme, à chaque élément est associé un organe (terre/rate, métal/poumons…), mais aussi une couleur, une saveur, une émotion.

Les cinq éléments

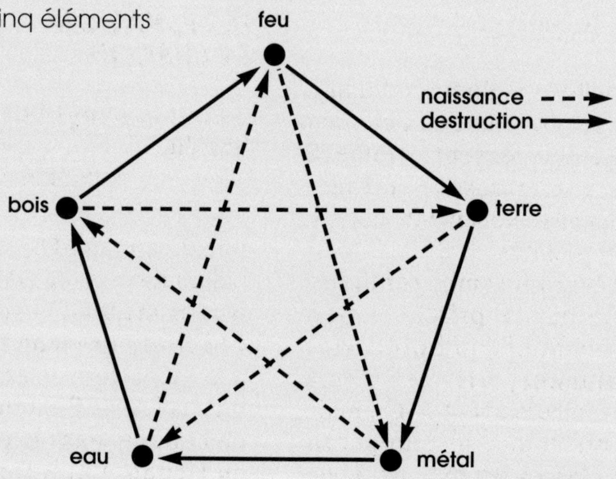

YIJING (I CHING) OU LE LIVRE DES MUTATIONS

Les Chinois se sont beaucoup penchés sur le principe des mutations et leur ont consacré des études approfondies : ces dernières ont fait l'objet d'un ouvrage : le Yijing, qui est l'un des textes fondamentaux de la pensée taoïste. Employé principalement comme instrument de divination, le Yijing offre une vision cosmologique de la vie et des phénomènes, en partant des pôles yin (principe féminin négatif, passif — —) et yang (principe masculin positif, actif—) ; en les rassemblant par groupes de trois lignes, on obtient huit combinaisons possibles, ou bagua, les huit trigrammes.
Chaque trigramme a une signification principalement liée à un élément naturel : terre, montagne, eau, vent, tonnerre, feu, lac, ciel. Les trigrammes représentaient les forces de la nature, la composition de la famille, les saisons, l'organisation de l'État ; les anciens en tiraient des prévisions et obtenaient ainsi des réponses à leurs questions.
Les huit trigrammes, réunis par groupe de deux puis combinés entre eux, forment soixante-quatre combinaisons, qui correspondent à autant d'hexagrammes.
Selon la pensée taoïste, ils représentent toutes les situations possibles dans lesquelles peut se trouver celui qui souhaite avoir des éclaircissements sur les choix existentiels qu'il doit faire. Le bagua zhang, l'un des styles doux du kungfu, se fonde sur les mêmes principes que le Yijing, et s'en inspire dans ses mouvements circulaires et déliés.

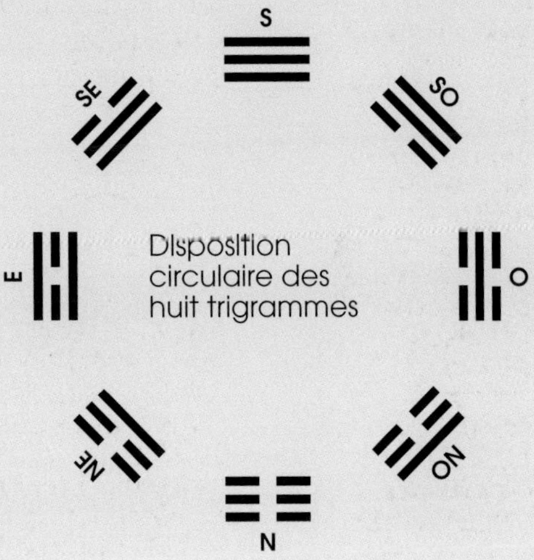

Disposition circulaire des huit trigrammes

LE BOUDDHISME

L'influence du bouddhisme sur les arts martiaux chinois s'exerça essentiellement grâce au monastère de Shaolin et aux événements qui s'y sont produits.
Le bouddhisme, fondé en Inde par le prince indien Sakiamuni (ou Shiddarta) l'Illuminé, arriva en Chine au Ier siècle avant J.-C., mais sa diffusion, surtout parmi les classes les plus pauvres, ne se fit que très lentement.

LE MONASTÈRE DE SHAOLIN

« Tout le kungfu dérive de Shaolin. »

(PROVERBE CHINOIS)

En 527 après J.-C., un moine indien du nom de Da Mo (ou Bodhidharma) arriva en Chine et, après de longues pérégrinations, s'établit au monastère de Shaolin, sur le mont Song, dans la province du Henan. Là, il fonda une nouvelle secte bouddhiste, le

Chan, connue au Japon et en Occident sous le nom de Zen. La secte Chan considère que tous les hommes peuvent être des Bouddha, des illuminés, à condition que leur esprit soit pur. À travers la méditation, qui constitue la pratique la plus importante, l'individu apprend à se détacher de toutes les pensées fausses qui entravent son esprit, jusqu'à avoir l'intuition de la véritable nature de la réalité et de son moi.

À la différence des autres monastères, dans lesquels on étudiait les écritures bouddhistes et où les moines étaient le plus souvent des érudits et des ascètes, la pratique à Shaolin consistait essentiellement en de longues heures de méditation et de prière. Une légende raconte que Da Mo lui-même est resté neuf ans à méditer dans une grotte, jusqu'à laisser l'empreinte de son ombre sur le mur. Indubitablement, les méditations dans la position du lotus duraient longtemps et étaient exténuantes au point d'entraîner des problèmes articulaires et d'affaiblir l'organisme des moines.

Il semblerait que Da Mo soit le créateur d'un groupe d'exercices, connu sous le nom de « les Dix-Huit Mains de Bouddha », qui serait le noyau du kungfu de Shaolin.

En revanche, selon de nombreuses autres histoires, la pratique du kungfu à Shaolin aurait commencé lors de la fondation du monastère, trente ans avant l'arrivée de Bodhidharma, grâce à Ba Tuo, un moine indien, sur ordre de l'empereur Xiao Wen.

Nous ne savons pas si Ba Tuo pratiquait les arts martiaux, mais on a établi que deux de ses disciples, Seng Chou et Hui Guang, étaient des combattants habiles aussi bien avec des armes qu'à mains nues.

Selon toutes probabilités, la pratique des arts martiaux à Shaolin est le résultat de plusieurs facteurs, religieux et politiques, qui se sont additionnés et enchaînés.

Étant donné que la secte Chan était tolérante à l'égard des faiblesses humaines, le monastère de Shaolin accueillit des moines qui avaient du mal à se faire accepter dans d'autres monastères, parce qu'ils buvaient, parce qu'ils mangeaient de la viande ou encore parce qu'ils avaient été guerriers ou avaient assassiné.

De nombreux experts en arts martiaux trouvèrent dans ce monastère le lieu idéal pour se retirer de la société ou pour échapper à leurs ennemis.

Inévitablement, la pratique du kungfu à Shaolin devint courante, aussi bien pour maintenir l'organisme en forme que comme méthode de combat dans un but défensif. En effet, étant donné que le monastère se trouvait dans une position géographique qui le rendait vulnérable aux attaques des bandes de voleurs et de pillards, les moines furent contraints d'apprendre à se défendre.

Shaolinshi, c'est-à-dire le monastère de Shaolin, devint ainsi un important gymnase pour de très nombreux maîtres, dans lequel les experts pouvaient échanger leurs techniques et leurs connaissances en toute sécurité, puisque les règles spirituelles du lieu empêchaient toute manifestation de violence ou de vexation.

Cette caractéristique permit au kungfu de Shaolin de s'améliorer avec le temps et de devenir synonyme de prestige et d'invincibilité, mais aussi de valeurs éthiques élevées. Au fil des siècles, le kungfu à Shaolin se développa, donnant vie directement et indirectement à de nombreuses écoles.

L'époque Qing fut une période difficile pour Shaolinshi. De nombreux experts de kungfu qui avaient des contacts avec le monastère étaient politiquement opposés au gouvernement régnant des Mandchous (voir encadré) ; le credo du Shaolinshi consistait à exhorter à « utiliser le kungfu pour sauver la patrie » ; sa pratique fut donc utilisée pour déstabiliser et renverser le régime politique.

Ceci conduisit les Qing à ordonner aux troupes impériales la destruction du monastère de Shaolin. Les moines et les résidents du monastère s'enfuirent et se dispersèrent dans toute la Chine, emmenant avec eux leurs connaissances martiales et commençant à les enseigner au peuple chinois.

Au fil du temps, les écoles se diversifièrent, contribuant à la création de nombreux styles qui, tout en se réclamant de Shaolin, sont très différents les uns des autres.

Aujourd'hui encore l'esprit du kungfu de Shaolin reste vivace parmi le peuple chinois et inspire des millions de passionnés dans le monde entier. Chaque année le monastère de Shaolin est visité par plus de un million de personnes et de passionnés, qui s'y rendent pour étudier le wushu ou pour revivre l'atmosphère magique de l'endroit qui fut le berceau du kungfu.

LA DYNASTIE MANDCHOUE DES QING

En 1644, sous le règne de la dynastie Ming, le général Wu Sangui demanda l'aide des tribus mandchoues, qui vivaient dans l'actuelle Mandchourie, afin de destituer le nouvel empereur rebelle Li Zicheng. Mais les Mandchous, après la mort de Li Zicheng, prirent le dessus sur le plan militaire et occupèrent la Chine, fondant la nouvelle dynastie Qing. Malgré les efforts faits par les empereurs mandchous pour se pénétrer de culture chinoise, la dynastie Qing fut toujours considérée comme usurpatrice et illégitime, parce qu'elle n'était pas de sang chinois, et fut contrée par les moines de Shaolin.

DÉVELOPPEMENT ET DIFFÉRENCIATION DES STYLES

Au cours de son expansion à travers les siècles, le kungfu s'est différencié en un grand nombre de styles et d'écoles, que l'on peut classer de différentes manières.

Traditionnellement, le kungfu peut être classé :

– selon la *zone géographique* à l'intérieur de laquelle est pratiquée une méthode, en styles du nord et styles du sud ;

– selon le *type de force employée,* en styles durs, styles souples et styles souples-durs ;

– selon le *type de travail physique ou mental,* en styles externes et styles internes.

STYLES DU NORD ET DU SUD

« Au nord les jambes, au sud les mains. »

(Proverbe du kungfu)

Chaque style reflète les caractéristiques géographiques de l'endroit où il est pratiqué, les raisons sociales et culturelles autour desquelles il s'est développé et les caractéristiques physiques des pratiquants.

Au nord, où la température est plus rigoureuse et où les populations sont plus robustes, l'emploi des talons et de la lutte s'est majoritairement imposé.

Au sud, où le climat est chaud et humide et où les gens sont plus petits et plus légers, la lutte ne s'est pas ancrée dans les traditions, alors que des techniques très sophistiquées, que l'on peut pratiquer avec les membres supérieurs, se sont développées. En général, les styles du nord privilégient des mouvements plus longs et un jeu de jambes plus rapide, tandis que les styles du sud se caractérisent par des postures plus statiques et par de puissantes techniques de bras.

STYLES SOUPLES ET DURS

Les styles souples sont caractérisés par des mouvements fluides, déliés, sans contraction ni forçage excessifs. Ils préfèrent s'adapter au mouvement de l'adversaire plutôt qu'opposer la force à la force. La boxe de l'homme saoul, le taiji quan, le liuhe bafa, le bagua zhang, le tongbi quan et le yongchun quan (wing chun en cantonais) sont des styles typiquement doux.

Les styles durs ont des mou-

vements vigoureux et soumettent les muscles à un gros effort. En général, ils préfèrent utiliser la force explosive et la puissance pour soumettre l'adversaire. De nombreux styles du sud entrent dans cette catégorie, tels que le hung jia (hung gar), le cai jia et le li jia, qui forment le cai li fo quan, ou choi li fut.
Enfin, il existe les styles souples-durs, qui font appel à la puissance dure ou à la puissance souple selon les cas : appartiennent à cette catégorie de nombreux styles du nord, tels que le fanzi quan, le pi gua quan, le tanglang quan et le he quan du sud.

(Photo Walter Lorini)

STYLES EXTERNES ET INTERNES

« L'externe entraîne les muscles, les os et la peau ; l'interne entraîne le qi. »
(ANCIEN PROVERBE DU KUNGFU)

Les styles externes mettent l'accent sur l'entraînement du physique et des qualités athlétiques, utilisant principalement la puissance musculaire et la rapidité ; pour cette raison, ils sont donc plus adaptés aux jeunes. Les styles internes mettent l'accent sur le travail intérieur, sur le qi, ou l'énergie interne, et sur l'usage des tendons plutôt que des muscles. L'emploi de la force est plus délicat, c'est pourquoi les styles internes conviennent mieux aux adultes et aux personnes âgées. Une différence que l'on rencontre souvent concerne le terme employé pour désigner la force :
– dans les *styles externes,* on emploie le mot li, qui signifie force, puissance ;
– dans les *styles internes,* on emploie le mot jing, qui signifie force intelligente, raffinée.
Ainsi, alors que le li est voué à diminuer avec l'avancée en âge, le jing est potentiellement inépuisable et peut être continuellement amélioré au fil du temps grâce à un entraînement correct et adapté.
Cette utilisation de la force est à la base des démonstrations extraordinaires faites par les

Le style du singe correspond bien à la pratique en pleine nature

(Photo Walter Lorini)

Un moine de Shaolin dans son costume traditionnel, dans une posture qui montre la plasticité et la beauté du kungfu

maîtres de styles internes, capables de vaincre des adversaires plus robustes et ayant plus de prestance physique. Cependant, c'est là l'un des aspects les plus difficiles à traiter dans le kungfu, tant par la difficulté intrinsèque du sujet que par la confusion et la mystification qui règnent autour de l'usage approprié de l'énergie.

LES PRINCIPAUX STYLES DE KUNGFU

Styles du nord et du sud, internes et externes, durs et souples : le nombre d'écoles de kungfu est impressionnant, c'est pourquoi nous n'en présenterons que quelques-unes en fondant notre choix sur leur importance et sur le nombre de leurs adhérents.

SHAOLIN QUAN, LA BOXE DE SHAOLIN

Shaolin est certainement le lieu qui a le plus influencé le développement des arts martiaux chinois ces cinq cents dernières années. Grâce à l'isolement géographique et à la tolérance de ses moines, le monastère de Shaolin a toujours été un des lieux préférés des hommes d'armes : là, ils pouvaient trouver refuge, tout en ayant la possibilité d'échanger leurs expériences et leurs connaissances des arts martiaux.

La foi spirituelle de Shaolin, qui ne condamnait pas la pratique du combat, mais en faisait un instrument de croissance spirituelle, attirait les meilleurs experts de kungfu, qui, en prononçant leurs vœux, pouvaient se racheter d'une vie faite de violences sans devoir renoncer à leur savoir.

L'échange de connaissances parmi les experts à l'intérieur du monastère a fait évoluer le kungfu de Shaolin de façon impressionnante, au point que les empereurs Qing s'inquiétèrent et décidèrent de détruire le monastère et de disperser les moines. Cette décision eut pour résultat que de nombreux moines commencèrent à enseigner le kungfu aux laïcs, ce qui eut pour effet de le diffuser largement et de le rendre très populaire.

Le kungfu de Shaolin a subi au cours des siècles des transformations perpétuelles, et le style pratiqué aujourd'hui au monastère n'a probablement pas grand-chose en commun

avec les techniques pratiquées il y a des siècles, tout comme il est différent du kungfu enseigné dans de nombreuses écoles de Shaolin disséminées en Chine et à l'étranger.
Sur le plan technique, le kungfu de Shaolin (traditionnel) se caractérise par des mouvements simples et linéaires, que l'on peut exécuter dans un espace restreint. On privilégie les coups à trajectoires droites et brèves, qui expriment la puissance sans rigidité. Il existe de nombreuses formes comme le pao quan, le hong quan, le meihua quan... Le kungfu de Shaolin comprend de nombreux exercices (il en existe traditionnellement soixante-douze) répartis en gang ou durs et en rou ou souples.
Les exercices durs ont en général pour objectif de renforcer et de durcir l'extérieur du corps : frapper des sacs pleins de sable, plonger les doigts dans des récipients pleins de sable ferreux, demeurer pendant des heures à la verticale sur la tête, aguerrir le corps en recevant des coups assénés avec un bâton, tout cela peut paraître excessif et à la limite du masochisme ; mais ces exercices sont utiles pour faire des pratiquants des combattants « sans peur » ; naturellement, ils exigent dévouement et grande force de volonté pour aboutir à un résultat valable.
Les exercices souples ne demandent pas moins d'efforts, et certains d'entre eux se révèlent particulièrement difficiles, surtout parce qu'ils s'appuient sur le contrôle mental et sur la respiration intérieure.
Ils comprennent des exercices comme :
– le « meihua bufa », qui consiste à exécuter des mouvements et des techniques de combat en se déplaçant en équilibre sur cinq, huit ou neuf poteaux plantés sur le sol ;
– le « kungfu pour la légèreté », qui est un groupe d'exercices ayant pour objectif de rendre le pratiquant agile et léger pour qu'il puisse se déplacer comme s'il n'y avait plus de gravité ;
– le « tongzi Gong », ou kungfu des adolescents ; c'est une série d'exercices physiques et psychologiques qui fait de l'adepte une personne douce comme le coton à l'extérieur alors qu'en réalité il est dur comme l'acier.
À Shaolin, chaque moine ne se consacre qu'à certains de ces exercices, essayant d'atteindre la maîtrise dans un domaine spécifique.

(Photo Walter Lorini)

Beau et acrobatique, un athlète s'entraîne en plein air. Le chang quan est caractérisé par des mouvements amples et comprend de nombreux sauts et techniques en vol

CHANG QUAN, LA BOXE LONGUE

On commença à parler de chang quan pendant la dynastie Ming. Le général Qi Jiguang et le maître Cheng Chongdu écrivirent un traité sur les différences entre le style de combat à longue distance et celui à courte distance et décrivirent trente-deux techniques remontant à l'empereur Taizu, de la dynastie Song.
Par la suite, le chang quan s'est imposé dans plusieurs écoles, devenant l'un des styles les plus répandus au niveau populaire dans le nord de la Chine.
Le terme chang quan désigne aujourd'hui une dizaine d'écoles de kungfu du nord – parmi lesquelles Shaolin, Cha Quan, Hua Quan, Paochui, Fanzi Quan… –, dont il a adopté de nombreuses techniques. Ces caractéristiques en font une discipline adaptée aux jeunes et aux enfants. Aujourd'hui, dans les compétitions de wushu, le chang quan est l'une des principales spécialités, parmi les plus suivies et appréciées pour la beauté et le côté spectaculaire des techniques.

NAN QUAN, LA BOXE DU SUD

Le nan quan se caractérise par des mouvements puissants et des positions basses et plutôt statiques. Les bras sont souvent rigides tandis qu'ils simulent des poussées, des coups de poing ou des coups de marteau. Le nan quan s'inspire de certains styles du sud, en particulier ceux des familles Cai, Li, Hong et Mo, mais s'enorgueillit d'origines liées au kungfu de Shaolin, du Henan et du Fujian. Comme le chang

(Photo Walter Lorini)

Comme on le voit sur la photo, la boxe du Sud est caractérisée par des mouvements puissants et des positions statiques

quan, le nan quan est l'une des plus grandes spécialités dans les compétitions de formes de wushu.

BAJI QUAN, LA BOXE DES HUIT EXTRÊMES

Le baji quan fut créé il y a plus de deux cent cinquante ans par un moine errant dont on ignore le nom et fut enseigné à Wu Zhong, un expert en lance, qui vivait dans le district de Cangzhou, dans la région du Hebei. Le baji quan est renommé pour sa simplicité et son efficacité dans le combat.

(Photo Walter Lorini)

Les techniques s'inspirent de la théorie des cinq éléments et imitent certains mouvements d'animaux.

Le baji quan est caractérisé par des techniques claires et linéaires, à courte distance, dans lesquelles on emploie souvent les coudes pour frapper et se défendre

TONGBEI QUAN, LA BOXE DU DOS

Le tongbei quan, ou tongbi quan, est l'un des styles les plus populaires en Chine septentrionale et s'enorgueillit d'une longue histoire. La tradition désigne Han Tong, célèbre maître qui vécut sous la dynastie Song, comme son créateur. Dès lors, le tongbei s'est développé et divisé en plusieurs écoles, telles que le tongbei des cinq éléments, des six harmonies, des cinq singes et de Shaolin.
Tong signifie « à travers », bei signifie « dos » et bi signifie « bras ». Lorsqu'un coup est porté, la force est donnée par le dos, puis elle passe par l'épaule et le bras pour atteindre l'objectif.
Les mouvements apparaissent donc doux et fluides, mais ils sont en réalité très puissants.

TANGLANG QUAN, LA BOXE DE LA MANTE RELIGIEUSE

D'après la légende, elle fut créée par un spadassin du nom de Wang Lang il y a plus de trois cents ans. Le jeune Wang Lang quitta la province du Shandong, dans le nord-est de la Chine, pour chercher des maîtres et des experts avec lesquels se mesurer et éprouver ses capacités. Ses pérégrinations aux quatre coins de la Chine le conduisirent au monastère de Shaolin, où il demanda à se mesurer avec les moines guerriers : mais là, il essuya un échec cuisant infligé par un novice.
Frappé par la facilité avec laquelle le jeune moine l'avait battu, il décida de se retirer dans la forêt pour méditer.

(Photo Antonello Casarella)

Le maître Qu Zi Jun dans un mouvement de tanglang quan, style caractérisé par des gestes prompts et agiles, par des déplacements déliés et rapides et par l'alternance de techniques douces et dures, à longue et courte distance

Il remarqua, entre les buissons, une mante religieuse qui se battait contre une cigale : en dépit de sa taille, la mante religieuse soumit rapidement la cigale. Impressionné par la scène, Wang Lang captura la mante et observa son comportement en combat. Au bout de trois mois d'observation et d'expérimentation, il retourna au monastère de Shaolin et défia de nouveau les moines guerriers : on désigna de nouveau le jeune moine pour être son adversaire, qui, certain de sa supériorité, l'attaqua, essayant de conclure rapidement le combat. Mais cette fois les bras de Wang furent si rapides que toute tentative du moine se révéla inutile. Le moine félicita Wang et lui demanda de lui enseigner ce nouveau style de kungfu, la boxe de la mante religieuse. Les témoignages historiques nous conduisent plus loin dans le temps, à la fin du Xe siècle, lorsque, toujours dans le monastère de Shaolin, le moine Fu Ju réunit dix-huit des meilleurs maîtres d'arts martiaux, qui demeurèrent trois ans au temple ; de chacun il choisit la technique la plus efficace. Ces techniques constituèrent le noyau de ce qui allait devenir le tanglang lorsque Wang Lang, après avoir étudié au monastère, apporta les siennes, créées à partir de l'observation de la mante religieuse pour les bras et du singe pour les déplacements.

Le tanglang est divisé en trois sous-styles principaux :
– qixing, ou sept étoiles ;
– meihua, ou fleur de prunier ;
– liuhe, ou six harmonies.

TAIJI QUAN, LA BOXE DE LA SUPRÉMATIE

Le taiji quan est considéré par beaucoup comme le style interne par antonomase, l'art martial par excellence ou encore comme l'anti-art martial. C'est certainement le style qui, plus que tout autre, a été influencé par la pensée taoïste. Les premières informations historiques nous apprennent que le taiji était pratiqué dans le comté de Wenxian, dans la province du Henan, par les membres de la famille Chen.

Le premier maître de ce style fut Chen Wangting, qui ajouta aux techniques qu'il connaissait les concepts de la philosophie et de la pensée énergétique taoïste. Il appliqua à son style la théorie et la pratique du qigong taoïste, transformant radicalement son kungfu et le personnalisant avec des mouvements en apparence légers et doux. Au cours des siècles suivants, le taiji de Chen Wangting se diversifia, donnant naissance à plusieurs styles.

Chen

Le taiji style chen est le plus ancien, celui à partir duquel les autres styles ont été créés. On l'appelle style chen d'après le nom de son créateur, Chen Wangting. Avec le temps, il a évolué en trois versions :
– antique, ou laojia, qui remonte à Chen Wangting ;
– moderne, ou xinjia, créée cinq générations plus tard par Chen Youben, qui simplifia les mouvements et élimina les techniques les plus complexes ;
– la version zhaobao, créée par Chen Quingping, élève de Chen Youben, qui est une nouvelle simplification du style.

Le style Chen consiste en l'étude de deux taolu (légèrement différents selon la version), du tuishou, ou mains qui poussent, série d'exercices exécutés à deux, et du zhanchang, ou lances attachées, série d'exercices faits à deux, dans laquelle les adversaires s'affrontent avec des lances ou des bâtons. Le taiji style chen se caractérise par des mouvements lents et en forme de spirale, interrompus brusquement par des mouvements explosifs et rapides.

(Photo Walter Lorini)

Un groupe d'athlètes pratique le taiji quan au cours d'une démonstration publique en plein air

Yang

Le taiji style yang fut créé par Yang Luchan au milieu du XIXe siècle sur les bases du style chen. On raconte que, enfant, il travaillait dans la maison de Chen Changxing. Très intéressé par le kungfu, il commença à observer, en catimini, les entraînements alors secrets pour s'entraîner ensuite la nuit. Mais on finit par le découvrir et il fut conduit en présence de son patron pour être puni. Chen

(Photo Walter Lorini)

Le style Yang est caractérisé par des mouvements lents, amples et circulaires et par des postures pratiques qui en font un style adapté aux pratiquants de tous âges

Changxing lui demanda de montrer ce qu'il savait faire et, lorsqu'il vit Yang évoluer, il décida de l'accueillir en tant qu'élève. Après avoir quitté la maison de Chen, Yang retourna dans son village, Yongnian, et commença à enseigner.
Comme les mouvements étaient difficiles à exécuter par de nombreuses personnes, il décida d'en simplifier le style, éliminant les techniques les plus compliquées et rendant les mouvements plus linéaires. Il transmit sa méthode à son fils et à son petit-fils, Yang Chengfu, qui simplifia encore le style et le rendit célèbre à Pékin et dans la Chine entière.

Wu

Le style wu fut créé par Quan You vers la fin du XIXe siècle. Il étudia d'abord avec Yang Luchan puis avec le fils de ce dernier, Yang Banhou. Le style devint célèbre grâce au fils de Quan You, Wu Janquan, dont il prit le nom. Il se caractérise par des positions hautes et des mouvements peu amples et met un accent particulier sur la sensibilité des bras, ou tuishou.

Wu yusiang

Le style wu yuxiang est une autre école. Wu Yuxiang étudia avec Yang Luchan, puis avec Chen Quingping, la nouvelle forme du style chen. Cette école se caractérise par de petits mouvements très lents.

Sun

Le style sun fut créé par Sun Lutang, qui vécut entre la fin du XIXe siècle et le début du XXe. Déjà maître de xingyi et de bagua, il commença, à l'âge de 50 ans, l'étude du taiji quan de Wu Yuxiang, après quoi il créa son propre style, qui unissait les principes du bagua et du xingyi au taiji.

Au-delà des différences stylistiques, le taiji quan est caractérisé par des techniques douces, que l'on exécute lentement pour permettre au pratiquant « d'entrer » dans le mouvement et de percevoir les plus petites variations d'état et de force. Le travail interne prédomine sur le travail externe. Les muscles superficiels sont moins utilisés que dans d'autres arts martiaux, alors que l'on entraîne et que l'on utilise les structures profondes du corps.
Et c'est justement cela qu'entendent les maîtres lorsqu'ils encouragent à « utiliser les tendons et non pas les muscles, utiliser l'énergie et non pas la force ». Ceci con-

traint le pratiquant à un processus d'intériorisation qui met l'esprit dans un état de concentration et de relaxation proche de la méditation. Pendant l'exécution du mouvement, la force est générée par le centre du corps, puis s'amplifie en se propageant aux bras et aux jambes.
Toutefois, le taiji n'utilise jamais la force contre celle de l'adversaire, mais s'adapte à elle pour l'annuler et profiter de la faiblesse temporaire de l'adversaire pour frapper, déséquilibrer ou mettre en place d'autres solutions techniques.
C'est ce que l'on décrit dans les textes classiques comme « utiliser cent grammes pour déplacer cent kilogrammes ».
Le taiji quan est aujourd'hui l'un des styles de kungfu les plus répandus : en Chine, où il est pratiqué par les jeunes et les moins jeunes aussi bien comme art martial que comme méthode de bien-être et de longévité, mais aussi en Occident et dans le reste du monde, où il continue à conquérir de nouveaux passionnés.

XINGYI QUAN, LA BOXE DE LA FORME DE L'ESPRIT

Le xingyi quan est le deuxième style interne par importance après le taiji.
La tradition attribue l'origine du xingyi au général Yue Fei, personnage historique très célèbre qui vécut pendant la dynastie Song. Toutefois, historiquement, le fondateur du style fut Ji Jike, qui vécut au XVIIe siècle, que l'on connaît aussi sous le nom de Ji Longfeng. Ses étudiants diffusèrent le xingyi dans les régions du Shanxi, du Hebei et du Henan, où des différenciations virent le jour au fil du temps.
En réalité, les styles du Shanxi et du Hebei sont semblables et comprennent les poings des cinq éléments et la boxe des douze animaux, alors que le style du Henan ne comprend qu'une boxe des dix animaux.
Les poings des cinq éléments consistent en cinq techniques, chacune associée à un des cinq éléments de la philosophie taoïste : le bois, le feu, la terre, le métal et l'eau. Chaque technique exprime la nature de l'élément auquel elle est associée. La boxe des douze animaux (que l'on appelle aussi des dix animaux) imite les attitudes typiques du dragon, du tigre, du singe, du cheval, de la

(Photo Yang Lin Sheng)

La posture du dragon, l'une des plus belles du xingyi quan, exécutée ici par le maître Yang Lin Sheng

(Photo Yang Lin Sheng)

Soumettre le tigre, l'une des postures les plus utilisées dans la boxe de l'intention

tortue, du coq, du faucon, de l'épervier, du serpent, de l'ours, de l'aigle et de l'hirondelle. Le xingyi quan est un système aux mouvements compacts, aux actions simples et pratiques, à moyenne et courte distance. Il porte une attention particulière à l'étude des positions ou postures, des pas et au travail intérieur, avec le développement du qi (l'énergie interne).

BAGUA ZHANG, LA PAUME DES HUIT TRIGRAMMES

Le bagua forme, avec le taiji et le xingyi, le tripode des styles internes ; il est l'un des styles les plus populaires en Chine. Ses origines sont incertaines. Certains affirment qu'il est né sur le mont Emei, dans la région du Sichuan. Le mont Emei abrite de nombreuses communautés religieuses bouddhistes et taoïstes, et ce serait justement deux moines taoïstes, Bi Yun et Jing Yun, qui auraient créé le noyau du bagua à la fin de la dynastie Ming. Ils l'enseignèrent à Tian Ruhong, qui donna à ce style le nom de yin yang bagua zhang. Il existe aujourd'hui différents styles de bagua, parmi lesquels celui de Dong Haichuan, le plus célèbre et le plus pratiqué. Dong Haichuan enseigna à Pékin et eut de nombreux étudiants, dont les meilleurs furent Yin Fu, Cheng Tinghua et Li Cunyi. Le bagua s'inspire du Yijing, le livre des mutations. Il y a huit mouvements de base, chacun associé à un des huit trigrammes. En faisant varier les huit mouvements de base, on obtient soixante-quatre techniques. Le bagua est caractérisé par des mouvements circulaires, souvent effectués autour d'un centre imaginaire qui représente l'adversaire ; le corps se déplace avec agilité, dessinant des spirales qui rappellent le serpent ou le dragon, le déroulement du geste dans son ensemble évoquant le roulement d'un torrent, vif et imprévisible.

YI QUAN, LA BOXE DE L'INTENTION

Créé par Wang Xiangzhai au début du XXe siècle, ce style

est connu aussi sous le nom de dacheng quan, ou boxe de la grande réussite.
Wang Xiangzhai fut l'un des meilleurs élèves de Guo Yunshen, grand maître de xingyi quan. À la mort de son maître, Wang commença à voyager en Chine, à la recherche d'experts avec lesquels se mesurer et évaluer ses capacités. Ses expériences l'amenèrent à se montrer très critique à l'égard d'une grande partie de la communauté martiale et de la façon de pratiquer le kungfu, qui était, selon lui, dégénéré et affaibli par de trop nombreuses formes, techniques et fioritures inutiles. Ceci le poussa à revoir son propre kungfu et à créer une nouvelle méthode, qu'il appela yi quan.
Dans le yi quan, le point central est l'intention mentale, qui joue un rôle majeur par rapport à la technique, qui, elle, s'appuie sur les principes et sur les points forts du taiji, du bagua et du xingyi.

YONGCHUN QUAN, LA BOXE DE L'ÉTERNEL PRINTEMPS

Le yongchun, ou wing chun comme on le désigne le plus souvent, est l'un des styles du sud parmi les plus connus. Il porte le nom d'une jeune fille, Yan Yongchun, qui, d'après la tradition, apprit le kungfu avec une religieuse. Selon d'autres sources, ce fut son père, Yan Si, maître Shaolin qui s'était enfui du monastère suite aux persécutions des Qing, qui l'initia au kungfu. Yan Yongchun s'entraînait avec son père lorsque, observant le combat entre une grue et un serpent, elle fut si impressionnée qu'elle décida de combiner le style de la grue blanche avec son kungfu.
Ainsi naquit le yongchun quan, qui se développa grâce à la contribution des maîtres qui se succédèrent. C'est un style qui privilégie le combat à courte distance, en ligne droite, préférant la force souple à la dureté. Les positions sont hautes et étroites, et les coups partent du centre du corps de celui qui les porte à celui de son adversaire.

(Photo Yang Lin Sheng)

Posture typique du bagua zhang, l'un des styles les plus pratiqués en République populaire de Chine

(Photo Yang Lin Sheng)

Wang Xian Zhai, fondateur de la boxe de l'intention, sur une photo remontant au début du XXe siècle

BUTS ET FINALITÉ DU KUNGFU

Depuis toujours, les arts martiaux en Chine ont eu de multiples objectifs, objectifs qui n'étaient pas uniquement liés à un combat pour la vie ou la mort. Nous pouvons dire que la pratique du kungfu poursuit quatre finalités :
– fortifier le caractère et les qualités morales ;
– conserver et améliorer l'état de santé et l'efficacité physique et mentale ;
– apprendre à combattre ;
– s'exprimer sur le plan artistique.

FORTIFIER LE CARACTÈRE ET LES QUALITÉS MORALES

Le kungfu est une pratique difficile qui requiert :
– discipline ;
– volonté ;
– courage ;
– persévérance.

Sans ces qualités, il n'est pas possible de progresser ni d'atteindre un bon niveau.
L'absence de *discipline* fait de l'homme une barque sans gouvernail qui, livrée aux vagues, ne peut pas être dirigée. De la même façon, le pratiquant qui manque du sens de la discipline ne sera pas assidu aux entraînements, qu'il fera sans suivre de règles, et il sera attiré par la facilité : ce pratiquant aura aussi tendance à être indiscipliné dans la vie.
La force de la *volonté* est comme un chevalier au galop : il doit être décidé et résolu pour se faire obéir du cheval. Pareillement, le pratiquant de kungfu doit s'entraîner à agir avec détermination et fermeté ; ainsi, son caractère ne pourra que se renforcer.
Le pratiquant de kungfu doit être *courageux* ; lorsqu'il a décidé de faire quelque chose, il ne doit pas se préoccuper outre mesure des conséquences : souvent, au cours d'un combat, un bon athlète perd parce qu'il n'est pas assez courageux et qu'il doit se battre contre deux ennemis, l'adversaire et sa propre peur.
Celui qui pratique le kungfu doit être *persévérant* comme l'eau, qui goutte après goutte peut creuser le rocher le plus dur. On compare la persévérance à l'acte de forger une épée : en battant de manière irrégulière le marteau sur l'épée, un peu aujourd'hui, un peu demain, on n'obtien-

dra aucun résultat. Dans le kungfu, il faut continuer à s'entraîner sans attendre des résultats immédiats, mais en faisant confiance au temps.

CONSERVER ET AMÉLIORER LA SANTÉ ET L'EFFICACITÉ PHYSIQUE ET MENTALE

« Si tu prends soin de ta santé, tu seras agile et efficace même lorsque tu seras âgé, sinon tu seras un pauvre poids pour toi-même et pour ta famille. »
(PROVERBE CHINOIS)

(Photo Walter Lorini)

La pratique du kungfu a pour objectif le bien-être physique et apporte des bénéfices considérables en terme de longévité

Selon le sage pragmatisme chinois, le bien-être et la longévité sont plus importants que la recherche de l'habileté martiale. En effet, une personne en excellente santé peut être en mesure de se défendre sans posséder d'aptitudes particulières, alors qu'une personne experte dans les combats mais en mauvaise santé est vulnérable.
D'autre part, les occasions de se battre pour protéger sa vie sont heureusement rares de nos jours, alors que la maladie et un mauvais état de santé sont un ennemi toujours aux aguets. C'est pourquoi les Chinois ont développé une série de connaissances et d'exercices parallèles aux techniques martiales qui permettaient, autrefois, d'atténuer les effets négatifs d'entraînements exténuants et de duels dangereux. Aujourd'hui, ces connaissances et exercices se révèlent utiles pour exalter les qualités physiques et psychologiques du pratiquant moderne.
Classons en huit points cet ensemble de connaissances qui font partie du bagage culturel de tout pratiquant oriental de kungfu :
1. techniques d'élongation servant à éliminer les contractures et les tensions et qui permettent de conserver un corps souple et agile ;
2. techniques de respiration, utilisées pour augmenter la capacité respiratoire et en améliorer la qualité ;
3. techniques de relaxation et de concentration qui apprennent à contrôler l'activité men-

Les exercices pour fortifier le corps font, encore aujourd'hui, partie de l'entraînement quotidien de l'armée chinoise

tale et les fonctions du corps que nous ne sommes pas, d'habitude, en mesure de diriger ;
4. techniques pour fortifier le corps, exercices divers visant à rendre le physique plus fort et plus résistant ;
5. techniques de massage et d'automassage qui contrebalancent les effets liés à la pratique martiale ;
6. médecine ou encore l'ensemble des connaissances et des remèdes qui, avec l'acupuncture, permettent de conserver un corps en bonne santé et fonctionnant bien ;
7. alimentation, qui est considérée comme la partie de la médecine qui s'occupe de conserver le corps en bonne santé à travers l'utilisation appropriée des aliments et de la nourriture en général ;
8. gestion de ses propres ressources énergétiques, c'est-à-dire l'ensemble des normes de comportement telles que les rythmes veille/sommeil, la répartition des repas au cours de la journée, une certaine modération dans les choses du sexe, un rythme équilibré entre les phases de travail et les phases de repos…

APPRENDRE À COMBATTRE

Créé pour le combat, le kungfu, ou wushu, représente aujourd'hui encore l'un des arts martiaux dont le contenu est le plus profond et le plus riche. À travers l'étude et l'entraînement, le pratiquant peut apprendre à se défendre en ayant recours à différentes méthodes :
– frapper à l'aide des mains, des pieds, des genoux, des coudes et de toute autre partie du corps ;

(Photo Walter Lorini)

– contrôler l'adversaire au moyen de prises, de leviers articulaires, d'immobilisations et de manœuvres douloureuses ;
– faire chuter son adversaire grâce à des techniques empruntées à la lutte.

Il peut, en outre, apprendre à employer diverses sortes d'armes mais aussi à se défendre en cas d'attaque par des gens armés. Les performances des corps militaires spéciaux chinois, qui appliquent à leurs besoins ces principes anciens, impressionnent même les pratiquants d'arts martiaux extrêmes par leurs aptitudes, dont l'efficacité a été prouvée. Les plus grands adeptes des arts martiaux à travers le monde trouvent dans le wushu une source inépuisable d'inspiration et d'étude, de quelque discipline qu'ils proviennent.

S'EXPRIMER SUR LE PLAN ARTISTIQUE

Le wushu a aussi été utilisé depuis l'Antiquité comme une activité d'entretien aussi bien par le biais de duels et de compétitions que par celui de démonstrations de forme, au cours desquelles l'expert exécutait des séries de techniques enchaînées. L'intérêt des Chinois pour l'esthétique a conduit à travailler les mouvements pour les rendre toujours plus gracieux, souvent en introduisant des pas de danse provenant du théâtre acrobatique traditionnel. L'introduction des armes à feu en Chine, au cours des cinq cents dernières années, a simplifié l'autodéfense et rendu surperflus les entraînements à mains nues, si difficiles.
Ceci provoqua une crise importante entre les maîtres de kungfu, qui, peu à peu, virent leurs écoles se vider. Par conséquent, beaucoup d'entre eux décidèrent, pour survivre, de proposer leur art comme discipline gymnique et sportive.
Le siècle dernier a donc vu une évolution à dominante acrobatique, dans laquelle le geste a comme finalité non la recherche de l'efficacité dans le combat, mais la beauté et la difficulté gymnique.

(Photo Walter Lorini)

Les points communs entre le wushu et la danse sont évidents dans les démonstrations publiques, qui ont souvent lieu en Chine

UN COURS DE KUNGFU

Nous allons maintenant vous présenter un cours de kungfu. Étant donné la grande variété des écoles, nous avons choisi d'illustrer les techniques majoritairement pratiquées et qui sont le plus souvent utilisées dans différents programmes, parce qu'elles sont à la base de la plus grande partie des styles chinois.

LE SALUT

Traditionnellement, un cours de kungfu commence et finit par le rituel du salut. Il existe de nombreuses manières d'effectuer le salut, dépendant du style et de l'école ; certains styles nous ont transmis les rituels dans le plus pur respect de la tradition, d'autres, en revanche, ont accordé moins d'importance aux détails.

En réalité, saluer signifie exprimer son respect le plus profond pour son maître, pour tous les maîtres du passé et pour le savoir transmis. C'est aussi par le salut qu'on

LE VÊTEMENT

Autrefois, pendant les entraînements de kungfu, on portait des vêtements ordinaires, à condition qu'ils soient suffisamment pratiques pour permettre la liberté des mouvements ; ainsi, on pouvait s'entraîner torse nu ou lourdement vêtu en fonction du climat. Avec le temps, cette exigence est devenue tradition. Les styles du sud utilisaient des tricots ou des casaques légères souvent sans manches, tandis que les styles du Nord utilisaient des casaques à manches longues.
Aujourd'hui, en Chine, le costume n'a pas beaucoup changé : pour les entraînements quotidiens on porte principalement les wushu kuzi, qui sont des pantalons en coton larges et serrés à la cheville, et un tricot pratique conformes au règlement de l'école. Mais, pour les occasions importantes, comme les compétitions ou les démonstrations, on porte le wushu yifu, l'uniforme de kungfu, constitué d'un pantalon et d'une casaque à manches courtes ou longues, en coton ou, le plus souvent, en soie. Aux pieds on porte des chaussures de wushu ou de gymnastique, alors que les chaussures traditionnelles en coton sont de moins en moins utilisées, surtout dans les styles du sud. Quelques écoles du Sud ont l'habitude de pratiquer le kungfu pieds nus, mais elles sont une minorité.
En ce qui concerne l'usage de la ceinture ou yaodai, on les utilise en Chine traditionnellement non pour distinguer les grades ou les niveaux de pratique, mais pour protéger le bas du ventre et la zone lombaire pendant les entraînements ou encore, dans les compétitions de wushu, comme ornement. Cependant, en Occident, de nombreuses écoles utilisent des ceintures de couleurs différentes pour chaque grade, s'inspirant des écoles d'arts martiaux japonais.

exprime ses remerciements à son maître et à ceux qui ont contribué à nous faire progresser.
Nous vous présentons ci-dessous quatre manières de saluer parmi les plus courantes.

ZHUNBEI SHI : ÊTRE PRÊT

C'est l'une des positions typiques pour commencer. Joignez les pieds et amenez les poings contre les côtés, les pouces tournés vers l'extérieur. Le dos est droit, la colonne vertébrale est étirée, le coccyx s'abaisse légèrement et le sommet du crâne pousse vers le haut. Les coudes et les omoplates poussent vers le bas

JINGLI : SALUT

Placez le poing droit devant la poitrine et appuyez la paume de la main gauche sur les articulations du poing droit. Penchez alors le buste légèrement en avant. De nombreuses écoles saisissent le poing droit avec la main gauche

LUOHAN JINGLI : LE SALUT SHAOLIN

Les écoles qui suivent le Shaolin classique du monastère de Songshan adoptent cette forme de salut, que l'on fait en joignant les mains comme pour prier

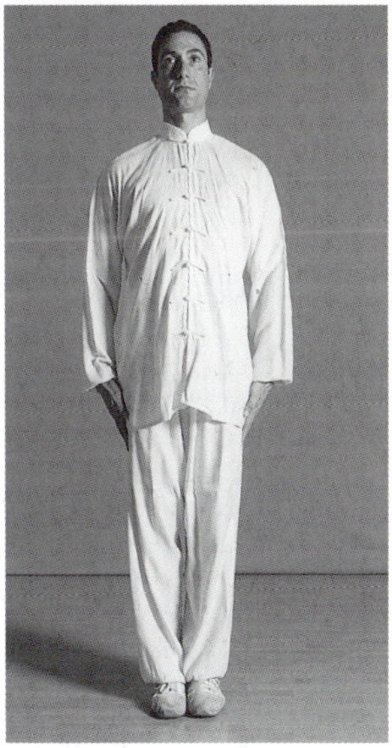

DANGXIN SHI : ÊTRE ATTENTIF

Proche de zhunbei shi ; on garde, dans cette forme de salut, les bras tendus le long du corps. Dangxin signifie « faire attention ». C'est aussi la position dans laquelle on est pour débuter les exercices de gymnastique préparatoire

EXERCICES POUR LE CORPS ET L'ESPRIT

Les Chinois ont toujours eu une vision globale de l'homme, ce qui les a amenés à créer des exercices et des méthodes pour améliorer les qualités physiques sans négliger les qualités de l'esprit. À côté des exercices pour la force se trouvent des exercices pour améliorer l'acuité visuelle, pour développer la souplesse, mais aussi pour développer des qualités de résistance extrême, des exercices de respiration et des exercices sexuels pour accroître la vitalité. Beaucoup étaient jalousement gardés et enseignés uniquement à ceux dont on estimait qu'ils étaient mûrs et prêts à recevoir cet enseignement.

LA GYMNASTIQUE PRÉPARATOIRE

Dans le kungfu comme dans tous les arts martiaux, la préparation physique joue un rôle important.

Traditionnellement, dans les milieux où l'on pratique le wushu, on dit : « À l'extérieur, entraîner la peau, la chair (les muscles) et la force ; à l'intérieur, entraîner le sang (c'est-à-dire le système cardio-vasculaire), les tendons et le qi (l'énergie). »

Voici ci-dessous une séquence d'exercices de *stretching* qui permet d'étirer les muscles et d'acquérir souplesse et sens de l'équilibre. Semblable au luohangong, célèbre séquence d'exercices du monastère Shaolin, la séquence ci-dessous présente également des similitudes avec certains exercices de yoga indien, ce qui permet de penser à une origine Shaolin ou même indienne probable.

Pendant les exercices, veillez à respecter les conseils suivants :

1. restez détendu ;
2. ne bloquez pas votre respiration, mais respirez profondément et tranquillement. Si vous avez tendance à bloquer votre respiration, cela signifie que vous êtes tendu ou que vous forcez trop pour faire votre étirement ;
3. alignez et étirez la colonne vertébrale ;
4. ne contractez pas les épaules ;
5. essayez de vous étirer en partant de l'intérieur ;
6. maintenez chaque posture pendant au moins vingt secondes ;
7. écoutez votre corps, en prêtant attention à vos sensations internes.

(Photo Walter Lorini)

POSTURE INITIALE

Vous êtes debout, les jambes jointes, les épaules et les bras relâchés, la tête légèrement tendue vers le haut, la pointe du coccyx légèrement abaissée

OUVRIR LES BRAS

Levez les bras tendus devant vous, puis ouvrez-les à l'horizontale, les paumes tournées vers le haut. Les épaules sont détendues

Les san jiao sont les cavités thoracique, abdominale et pelvienne.
La cavité thoracique abrite les poumons, le cœur et le péricarde, qui, selon la médecine traditionnelle chinoise, a valeur d'organe.
La cavité abdominale abrite la rate, le foie, l'estomac et la vésicule biliaire.
La cavité pelvienne abrite les reins, la vessie et les intestins.
L'exécution correcte de cet exercice permet aux membranes enveloppant ces organes de s'étirer et permet une meilleure circulation du qi (l'énergie) et du sang.

POUSSER LE CIEL POUR RÉCUPÉRER LES SAN JIAO

En partant de la posture précédente, levez les bras au-dessus de votre tête jusqu'à ce que vos mains se touchent, puis croisez les doigts et tournez les paumes vers le haut

SE TENDRE COMME UN ARC

À partir de la posture précédente, étirez et fléchissez le buste à droite, jusqu'à ce que les côtes du côté gauche se soulèvent. Puis faites la même chose à gauche

PRENDRE APPUI DERRIÈRE

Tout en continuant à appuyer avec les paumes baissez les bras. Baissez les omoplates et tirez la poitrine vers l'avant

POUSSER À L'EST ET À L'OUEST

Dénouez les mains et baissez les bras sur les côtés, en poussant avec les paumes comme si vous vouliez repousser deux parois. Étirez les doigts et relâchez les muscles des bras et des épaules

FLÉCHIR LE BUSTE POUR RAMASSER LES PERLES

Fléchissez le buste vers l'avant et amenez vos poings sur la pointe de vos pieds. Les genoux doivent être détendus et les épaules souples

LE TIGRE FIXE SA PROIE

Fléchissez les genoux, posez vos mains de chaque côté du pied gauche, les doigts tendus, et faites glisser le pied droit en arrière. Le genou gauche tire le corps vers l'avant, tandis que le talon droit est tendu vers l'arrière. Étirez la colonne vertébrale. Répétez la posture en changeant de côté

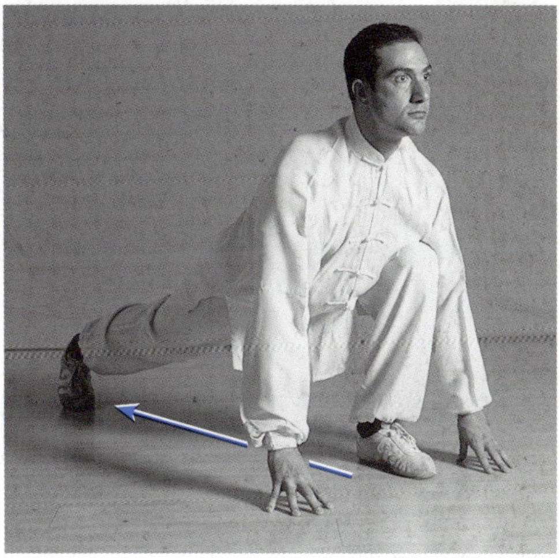

S'ÉTIRER COMME UN TIGRE

Prenez appui au sol sur les mains à largeur d'épaules, puis déplacez les pieds vers l'arrière à largeur des hanches. Votre posture a la forme d'une pyramide. Tirez votre buste en direction des pieds tout en gardant les bras tendus, et poussez les talons vers le sol, en veillant à garder les pieds bien parallèles

L'ALLIGATOR S'IMMERGE

En partant de l'exercice précédent, fléchissez les bras et abaissez très lentement le buste jusqu'à ce que vous effleuriez le sol avec la poitrine. Allongez le reste du corps parallèlement au sol, en ne prenant appui que sur les mains et les pieds

LE SERPENT

En partant de l'exercice précédent, tendez les bras et arquez le buste, ouvrez le thorax et baissez les épaules et les omoplates. Les talons sont tendus vers l'arrière

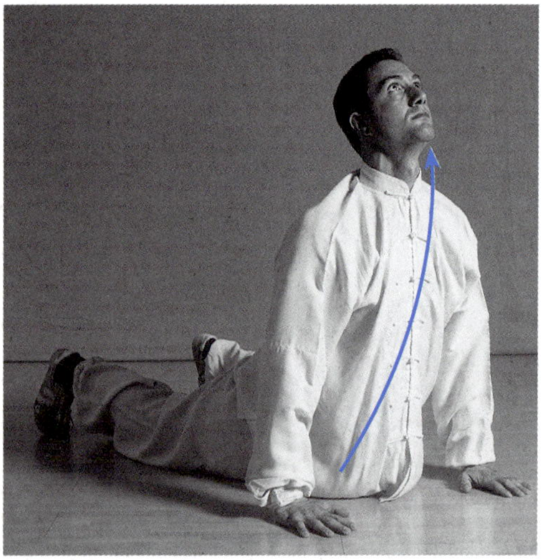

TENDRE LA JAMBE EN QIXING SHI

Fléchissez la jambe gauche en faisant porter 80 % de votre poids dessus, et tendez la jambe droite. Levez la pointe du pied droit. Placez et faites peser vos mains sur la cuisse droite tout en penchant le buste en avant. Puis faites le même exercice de l'autre côté

BALANCER LE BUSTE À DROITE ET À GAUCHE

Les jambes écartées, les pieds écartés à une distance égale à deux fois la largeur des hanches, fléchissez le buste vers l'avant. Les bras croisés, balancez le buste à droite et à gauche

TENDRE LES JAMBES EN PUBU

Mettez-vous en posture pubu (voir page 46), placez les mains sur les cuisses et baissez les fesses le plus possible, tout en essayant de garder le dos droit et les talons au sol. Faites le même exercice en changeant de côté

SAUT D'OBSTACLES

Asseyez-vous la jambe droite tendue et la jambe gauche pliée derrière vous. Pliez le bras droit et placez la paume de la main gauche sur les articulations du poing droit. Puis poussez rythmiquement le buste et le coude droit en direction du pied droit. Faites le même exercice en changeant de côté

LES POSITIONS DES MAINS

On dit que l'on peut juger de la qualité d'un pratiquant des arts martiaux à la position de ses mains, comme on peut juger de la qualité d'une plante à travers ses feuilles et ses fleurs. Dans le kungfu, on accorde une grande importance à la position des mains : une main peut se faire pierre, marteau, elle peut fendre comme une hache ou lacérer comme les griffes d'un animal sauvage.

Mais pour chaque fonction la main doit adopter une forme précise. Nous voulons vous montrer ici les positions les plus courantes.

ZHANG, PAUME

Ouvrez la main, en gardant le pouce plié et les autres doigts tendus et joints. On peut utiliser la paume pour pousser, fendre, pour frapper avec le bout des doigts et pour gifler

QUAN, POING

Le pouce tendu, pliez les quatre autres doigts, en amenant la pulpe du bout des doigts au contact de la paume. Puis serrez le poing et pliez le pouce. On peut utiliser le poing pour frapper avec les articulations, avec le dos de la main ou comme un marteau

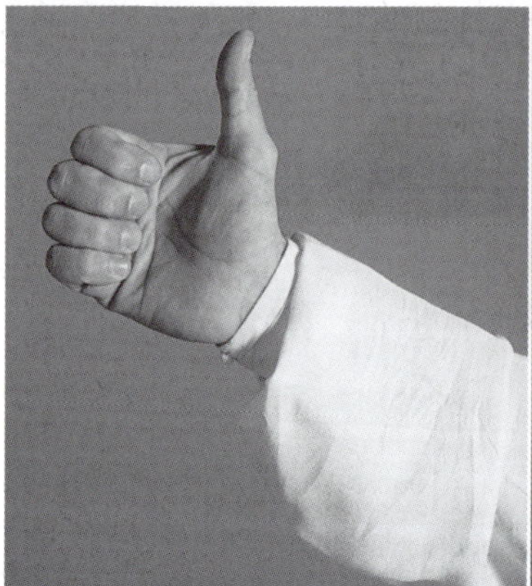

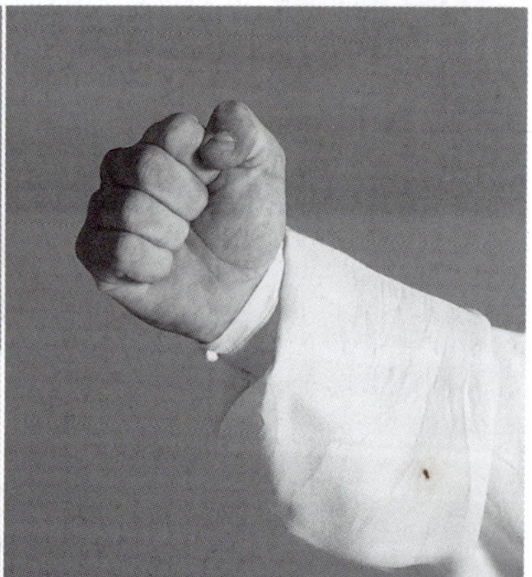

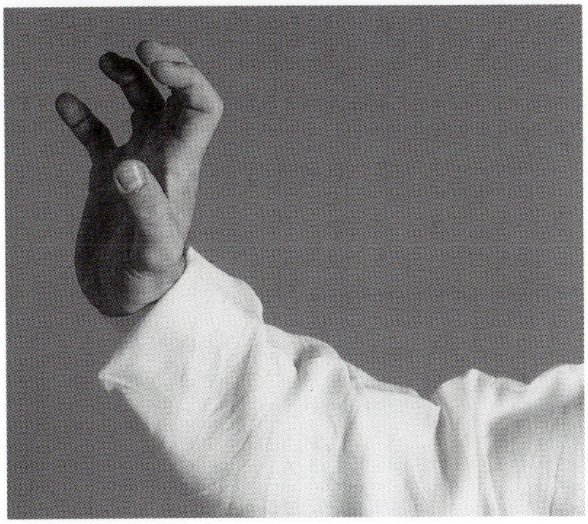

HUZHAO, GRIFFE DU TIGRE

La paume ouverte et les doigts écartés, contractez les doigts comme sur la photo. La base de la paume est tendue vers l'avant, le dos du poignet est fléchi sur l'avant-bras. On utilise la griffe du tigre pour frapper avec la base de la paume, pour griffer, saisir, lacérer et repousser

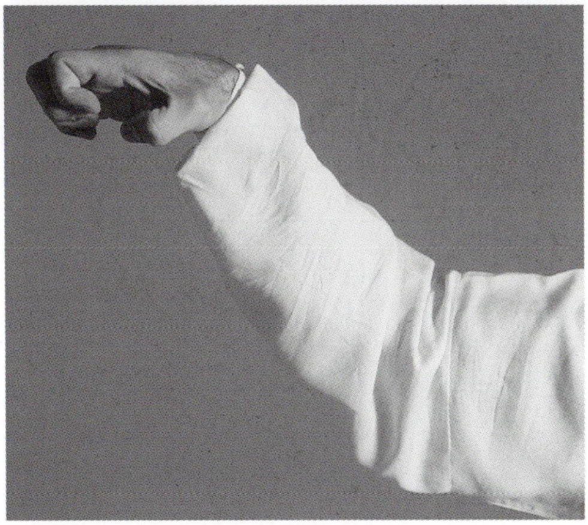

BAOZHAO, GRIFFE DU LÉOPARD

Les doigts sont pliés et l'index, le majeur, l'annulaire et l'auriculaire sont très serrés. Le dos de la main doit être dans l'alignement des premières phalanges. On peut plier le poignet dans différentes positions. On utilise la griffe du léopard essentiellement pour saisir et pour frapper avec les phalanges ou, dans certains cas, avec le tranchant de la main

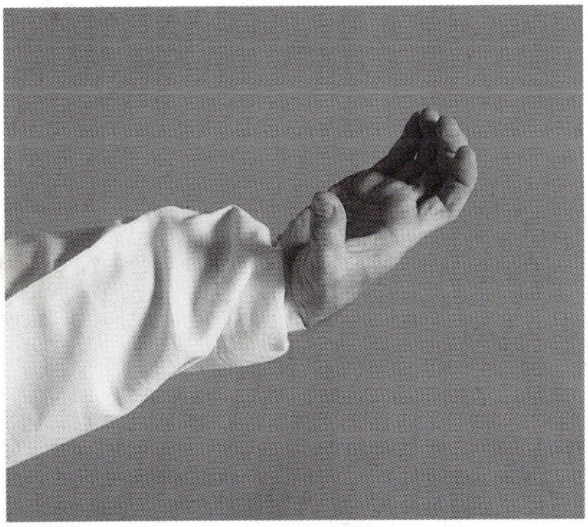

YINGZHAO, SERRE DE L'AIGLE

Ici les doigts sont serrés, mais moins fléchis que dans les autres positions de griffes. En outre, le dos de la main est arqué. On utilise la serre de l'aigle pour saisir mais aussi, traditionnellement, pour griffer et lacérer

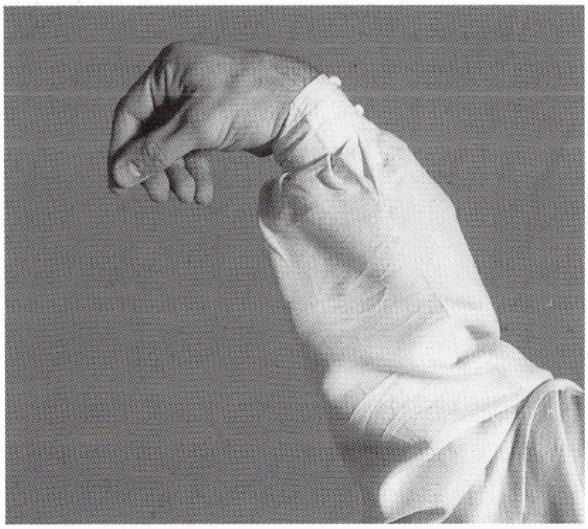

GOUSHOU, CROCHET

À partir de la position zhang, fléchissez le poignet et les doigts pour prendre la même position que sur la photo. Le pouce touche l'index et le majeur. On utilise le crochet pour saisir le poignet, l'avant-bras, le bras ou toute autre partie du corps de l'adversaire, pour frapper avec le dos de la main et du poignet et, plus rarement, avec le bout des doigts

LES POSITIONS DES JAMBES

« Le corps est une forteresse, les jambes en sont les fondations. »

(PROVERBE DU KUNGFU)

Une phase importante concerne l'étude des positions de jambes, qui, dans le kungfu, sont la base, les piliers sur lesquels repose toute la technique.
Chaque style possède ses propres postures en fonction de ses exigences techniques et de l'usage qui en sera fait. Nous vous présentons ci-dessous les postures de base, communes à la plupart des écoles.

Pendant l'étude des positions, il est important de respecter les indications suivantes :
1. le buste doit rester droit mais souple ; si vous avez tendance à vous pencher en avant, en arrière ou sur le côté, la posture est tout aussi correcte.
2. les épaules doivent être relâchées et le sommet de la tête tendu vers le haut ;
3. le bassin doit être bien équilibré, il ne doit pas trop pencher ni en avant ni en arrière ;
4. les mains peuvent être soit fermées comme des poings et placées contre les côtés, soit ouvertes et placées sur la taille.

Exécutez les postures des deux côtés et exercez-vous à

GONGBU, POSTURE DE L'ARC

À partir de la posture mabu (page de droite), effectuez un grand pas en avant avec le pied gauche, fléchissez le genou gauche et tendez la jambe droite. Le pied gauche doit être légèrement tourné vers l'intérieur (mais ce détail varie d'un style à l'autre), le pied droit forme un angle de 45° vers l'extérieur.
Le dos est droit et le poids du corps repose à 70 % sur la jambe avant et à 30 % sur la jambe arrière

les maintenir le plus longtemps possible. Commencez par la maintenir une minute, puis allongez progressivement le temps.
Ainsi, non seulement vous renforcerez vos jambes et votre dos, mais vous affinerez votre conscience des choses et corrigerez d'éventuelles imperfections.
Traditionnellement, on maintenait les positions pendant plusieurs minutes, parfois même plus d'une heure ; c'était l'une des façons favorites des maîtres d'évaluer la volonté et la disposition des élèves.

MABU

Mabu est aussi appelée « mère de toute les postures » parce qu'elle a servi de base à l'enseignement des autres. Autrefois, les maîtres parvenaient à faire tenir leurs élèves en mabu pendant des heures, afin de tester et de tremper leur caractère et leur corps.

MABU, POSTURE DU CAVALIER

Écartez les pieds à deux fois la largeur des épaules, fléchissez les genoux et baissez les fesses. Les pieds sont parallèles et le dos droit. Cette posture est dite « du cavalier », parce qu'elle simule l'assiette d'un jockey sur son cheval et rappelle également le sens de l'équilibre dynamique qu'il doit avoir pendant qu'il chevauche. Nous voyons ici mabu en position haute et basse. En réalité, on peut effectuer toutes les postures à trois niveaux : bas, moyen, haut

PUBU, POSTURE ABAISSÉE

À partir de gongbu, déplacez le poids du corps sur la jambe droite en la fléchissant, et tendez la jambe gauche. Les pieds sont parallèles et les talons prennent fermement appui sur le sol

DULIBU, POSTURE SUR UNE JAMBE

À partir de gongbu gauche, déplacez le poids du corps sur la jambe gauche, et fléchissez la jambe droite en l'amenant devant l'abdomen. La pointe du pied droit est tendue vers le sol. On utilise dulibu principalement pour protéger le bas-ventre ou pour donner un coup de genou

XUBU, POSTURE VIDE

À partir de mabu, faites pivoter le buste à droite tout en déplaçant le poids du corps sur la jambe gauche. Décollez le talon droit du sol et rapprochez légèrement le pied droit du pied gauche, de manière que la distance entre les pieds soit égale à la largeur des épaules. Le genou droit est fléchi et légèrement tourné vers l'intérieur, pour protéger les testicules. La jambe droite doit rester légère et peser aussi peu que possible, d'où le nom de « position vide »

XIEBU, POSTURE CROISÉE

À partir de la posture précédente, déplacez le poids du corps sur la jambe droite et le pied gauche vers l'avant, en croisant la jambe gauche sur la jambe droite et en faisant pivoter le bassin et le buste à gauche. Le talon droit est soulevé, et le genou droit est proche de la région latérale du genou gauche. Le poids du corps repose à 60 % sur la jambe gauche

SHAOGONGBU, POSTURE ARQUÉE BASSE

À partir de gongbu, rapprochez un peu le pied droit, fléchissez le genou droit et soulevez le talon comme sur la photo. La pointe des pieds est tournée vers l'intérieur, et le poids du corps doit reposer à 60 % sur l'avant et à 40 % sur l'arrière

LES PAS FONDAMENTAUX

« Lorsque tu te tiens sans bouger sois stable comme le mont Tai, lorsque tu te meus sois rapide comme une flèche dans le ciel. »

(PROVERBE DU TANG LANG)

Les déplacements sont un point clé des arts martiaux chinois, et chaque style a développé des pas en fonction des exigences techniques et tactiques propres à chacun.

Malgré les inévitables exceptions, ce sont les styles du Nord qui ont le plus développé les pas, tandis que les styles du Sud, plus statiques, en possèdent beaucoup moins.

SHANGBU, PAS AVANT

À partir de gongbu droite (voir page 44), rapprochez le pied gauche du pied droit, puis déplacez vers l'avant le pied gauche et mettez-vous en posture gongbu gauche. On utilise shangbu pour avancer

CHEBU, PAS ARRIÈRE

Chebu est le pas inverse de shangbu et sert à reculer. À partir de gongbu droite (voir page 44), approchez le pied droit du pied gauche, puis déplacez-le vers l'arrière pour vous retrouver en posture gongbu gauche

QUIAN JIAOCHABU, PAS CROISÉ AVANT

À partir de gongbu droite (voir page 44), croisez la jambe gauche devant la droite, pour vous retrouver en position xiebu (voir page 47)

HOU JIAOCHABU, PAS CROISÉ ARRIÈRE

Toujours à partir de gongbu droite (voir page 44), croisez la jambe gauche derrière la droite. Le regard est tourné vers la droite

HUABU, DÉPLACEMENT AVANT

À partir de shaogongbu droite (voir page 47), déplacez vers l'avant le pied droit et immédiatement après le gauche, pour vous retrouver de nouveau en shaogongbu. Huabu est un déplacement rapide et léger

TIAOBU, DÉPLACEMENT UN PIED CHASSE L'AUTRE

À partir de gongbu droite (voir page 44), déplacez le pied gauche vers l'avant pour le rapprocher du pied droit et, avant que le gauche ne touche le sol, levez le droit de façon que le pied gauche prenne l'emplacement qui était alors occupé par le droit. Puis déplacez le pied droit vers l'avant pour vous retrouver en gongbu droite

LE CORPS ET SON UTILISATION DANS LE KUNGFU : LES QUATRE MÉTHODES

Tout art martial a recours dans les combats à un bagage technique propre et caractéristique : certains styles privilégient les techniques de lutte, d'autres préfèrent les coups de pied, les poings, etc. Le kungfu se différencie en ce sens des autres arts martiaux parce qu'il a tendance à utiliser plusieurs manières de combattre. Le kungfu utilise traditionnellement quatre méthodes :

1. **ti**, qui comprend les coups de pied et les techniques de jambes en général, y compris les coups de genou ;
2. **da**, qui comprend les poings et toutes les techniques de percussion portée avec les bras, telles que les coups de coude, et les techniques portées avec les avant-bras ;
3. **na** désigne les techniques pour saisir et contrôler l'adversaire ;
4. **shuai** comprend les techniques pour déséquilibrer et projeter l'adversaire.

Dans la grande variété des styles chinois, il y a ceux qui tendent à se spécialiser et qui, naturellement, privilégient certaines méthodes au détriment d'autres, tandis que d'autres styles ont indifféremment recours aux quatre méthodes. Ce choix dépend de nombreux facteurs, principalement du contexte social dans lequel s'est développé le style et des choix faits par les différents maîtres. Comme nous l'avons déjà dit, dans les régions du Nord, surtout dans les régions proches de la Mongolie, s'est imposé l'usage de méthodes de lutte et de contrôle par le biais de clés, notamment, alors que dans le Sud, la chaleur et l'humidité rendaient ces techniques peu pratiques. Il ne faut pas non plus sous-estimer les choix personnels des maîtres : certains styles ont hérité et ont fait leurs les caractéristiques physiques et caractérielles de leurs maîtres.

COUPS DE PIED ET TECHNIQUES DE JAMBES

Il existe dans le kungfu une grande variété de coups de pied et de techniques de jambes, des plus simples aux plus compliqués.
Nous vous proposons les techniques les plus courantes et les plus simples : zhengti tui, waibai tui, neibai tui et ceti tui. Elles font partie d'un groupe de techniques appelées titui, ce qui signifie « lancer les jambes en l'air ». Pendant l'exécution de l'exercice il faut respecter les indications suivantes :
1. talon posé au sol. Il faut éviter de soulever le talon du pied d'appui. En général, on soulève le talon lorsque l'on essaie de donner un coup de pied trop haut ou lorsque le débutant essaie d'exécuter trop rapidement une technique. Ce qui peut entraîner une perte de l'équilibre et de la stabilité. Mais le pied ne doit pas rester planté sur le sol, surtout dans les coups de pied avec rotation du buste, sinon on risque de traumatiser le genou. Ce point est aussi fondamental lorsque l'on évalue les formes, car les « mouvements » des pieds sont l'un des éléments révélateurs du niveau du pratiquant ;
2. buste droit et stable. Tenez le buste droit et stable, en évitant de l'incliner ou de le bouger en cherchant à donner plus de puissance à votre technique. Tout comme les pieds, le buste révèle la qualité du pratiquant et ses intentions. Le mouvement du buste permet de prévoir un coup de pied, c'est pourquoi il est important dans le kungfu d'apprendre à ne pas le bouger.

Entraînez-vous progressivement, en exécutant les techniques d'abord lentement, puis en augmentant la vitesse et la puissance d'exécution lorsque vous sentez que vous avez intériorisé le mouvement.
On peut exécuter les coups de pied bas en bougeant le corps aussi peu que possible et en maintenant la position le plus longtemps possible, afin d'améliorer l'équilibre, la stabilité, la puissance et la résistance. N'oubliez pas d'effectuer les techniques et les coups de pied des deux côtés, droit et gauche.

(Photo Walter Lorini)

ZHENGTI TUI, JAMBE QUI SE LÈVE TOUTE DROITE

Pieds joints, écartez les bras à l'horizontale et poussez les paumes à l'extérieur. Faites un pas en avant avec le pied gauche et lancez la jambe droite pied fléchi en l'air en suivant une trajectoire s'alignant sur le milieu de votre corps. Le pied gauche reste droit, pointe en avant. Ne fléchissez pas les genoux pendant cet exercice et ne renversez pas le buste en arrière, mais ouvrez légèrement le thorax. La position des bras sert à équilibrer le buste

WAIBAI TUI, JAMBE DESSINANT UNE VAGUE VERS L'EXTÉRIEUR

Pieds joints, écartez les bras à l'horizontale et poussez les paumes à l'extérieur. Faites un pas en avant avec le pied gauche, lancez la jambe droite en l'air vers la gauche puis ramenez-la vers la droite, dessinant avec le pied droit une trajectoire en arc. Pendant cet exercice, évitez de bouger le buste et gardez le bassin stable

APPLICATION DE WAIBAI TUI

Supposez que votre adversaire, armé d'un couteau, vous attaque au visage par la droite. Vous pouvez utiliser waibai tui pour frapper son avant-bras

NEIBAI TUI, JAMBE DESSINANT UNE VAGUE VERS L'INTÉRIEUR

Pieds joints, écartez les bras à l'horizontale et poussez les paumes à l'extérieur. Faites un pas en avant avec le pied gauche et lancez la jambe droite en l'air en dessinant avec le pied droit un arc allant de gauche à droite. Évitez de tourner le buste à gauche pendant l'exercice

APPLICATION DE NEIBAI TUI

Si votre adversaire vous attaque au visage avec un couteau, utilisez neibai tui gauche pour frapper son avant-bras droit

CETI TUI, JAMBE QUI SE LÈVE LATÉRALEMENT

Les bras ouverts, le bras droit devant vous, déplacez le pied droit ; exécutez qian jiaochabu gauche (voir page 50). Puis lancez la jambe droite en l'air sur le côté tout en fléchissant le bras droit en le rapprochant du buste et en faisant passer le bras gauche au-dessus de la tête

ZHENG TANTI, COUP DE PIED DROIT COMME UN RESSORT

Levez le genou droit devant votre ventre, en gardant la jambe fléchie et la cuisse à l'horizontale ; puis tendez la jambe à l'horizontale tout en gardant la pointe du pied tendue. La jambe gauche est fléchie de manière naturelle pour permettre une plus grande stabilité. Zheng tanti est utilisé pour frapper les parties génitales, le bas-ventre ou la région des genoux

APPLICATION DE ZHENG TANTI

Si votre adversaire vous attaque avec une droite au visage, interceptez et saisissez son poing avec la main droite et tirez-le vers le côté droit ; en même temps frappez-le au bas-ventre avec zheng tanti et au visage avec zhong chui (voir page 64)

DENGTI, COUP DE PIED FRONTAL PLAT

Levez la jambe droite devant vous, le genou fléchi à 90°, puis tendez-là à l'horizontale. Gardez le pied fléchi pendant l'exercice. Le coup est donné avec la plante du pied

APPLICATION DE DENGTI

Saisissez avec la main droite le poignet droit de l'adversaire, et frappez son ventre avec dengti

CEDENGTI, COUP DE PIED LATÉRAL

Partez d'une position où votre jambe gauche est placée devant vous et effectuez une rotation du buste et du bassin à gauche pour vous retrouver en position xiebu (voir page 47). Levez la jambe droite, puis tendez-la sur le côté en gardant le pied fléchi. Cedengti se différencie des coups de pied latéraux propres aux autres arts martiaux parce que le bassin et le buste ne sont pas complètement rejetés sur le côté. C'est pourquoi cette technique est plus adaptée aux combats à moyenne distance

APPLICATION DE CEDENGTI

Si votre adversaire vous attaque avec un gauche au visage, interceptez et déplacez son bras sur la droite puis frappez-le aux côtes avec cedengti

QUANTI, COUP DE PIED CIRCULAIRE

Debout, la jambe gauche en avant, tournez le buste à gauche pour vous retrouver en position xiebu (voir page 47) ; levez la jambe droite à l'oblique en gardant le genou fléchi, puis tendez la jambe droite, pointe du pied tendue

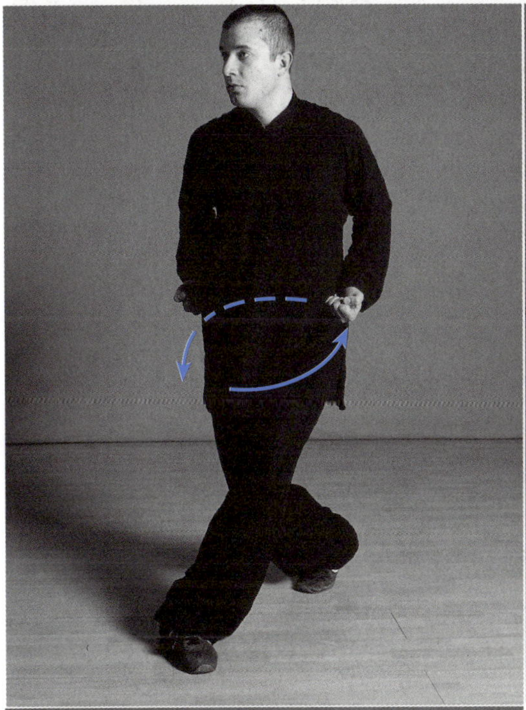

APPLICATION DE QUANTI

Si votre adversaire vous attaque avec une droite au visage, interceptez son avant-bras avec la main droite et répondez en le frappant au côté gauche avec quanti

GOUTUI, JAMBE QUI CROCHÈTE

En partant de gongbu gauche (voir page 44), effectuez une rotation du buste à gauche pour vous retrouver en xiebu (voir page 47), puis amenez la jambe droite vers l'avant en effectuant une courbe avec le pied. La pointe du pied droit doit être redressée

APPLICATION DE GOUTUI

Après avoir intercepté une attaque du poing gauche de votre adversaire, saisissez son poignet avec la main gauche, repoussez son cou avec la main droite et crochetez sa cheville gauche avec goutui pour la balayer

HOUSAOTUI, BALAYAGE ARRIÈRE

En partant de la position gongbu gauche (voir page 44), effectuez une torsion du buste vers la droite, en descendant en pubu (voir page 46) et en posant les mains au sol. Tout en gardant la jambe droite tendue, faites-lui faire une rotation de 180° dans le sens des aiguilles d'une montre. Le mouvement de la jambe qui balaie doit suivre de façon naturelle la torsion du buste

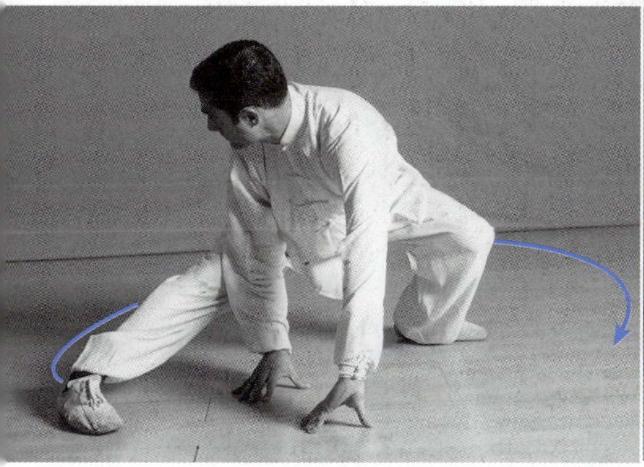

APPLICATION DE HOUSAOTUI

Housaotui est utilisée lorsque votre adversaire vous attaque par des coups de pied hauts : dans ce cas housaotui permet d'éviter l'attaque en se baissant et d'attaquer la jambe d'appui de votre adversaire pour le faire chuter. Bien que spectaculaire, il n'est pas facile d'utiliser housaotui dans un combat réel

POINGS ET TECHNIQUES DE BRAS

Dans le kungfu, les membres supérieurs sont très sollicités, de façons différentes.
Ci-après sont décrites les techniques fondamentales de poing, de paume, de coude et les parades. Pendant les exercices de poings et de techniques de bras, il faut respecter les indications suivantes :
1. les épaules doivent rester souples ;
2. la puissance vient de la torsion du buste et des côtés ;
3. le buste ne doit jamais s'infléchir.

TECHNIQUES DE POING, CHUI FA

ZHONG CHUI, POING DROIT

Pieds parallèles, à largeur des épaules, tendez le bras droit en avant, le poing fermé à hauteur du visage, et ramenez le poing gauche contre le côté, en tournant le bassin et le buste à gauche. Puis effectuez un mouvement de torsion du bassin et du buste à droite, ramenez sur le côté le poing droit et tendez le bras gauche vers l'avant, le poing à hauteur du visage

TIAO CHUI, POING MONTANT

Gardez le bras gauche en position tui zhang (voir page 66) tandis que le poing droit est sur le côté ; tournez le buste à gauche et déplacez le poing droit vers l'avant et en haut en effectuant une courbe

QUAN CHUI, POING CIRCULAIRE

Lancez le bras droit devant votre visage, le poing tourné vers la gauche, et ramenez le poing gauche près du corps ; le buste est tourné à gauche. Faites pivoter le buste à droite et en même temps amenez le poing gauche devant votre visage en effectuant une courbe et ramenez le poing droit sur le côté

PI CHUI, POING QUI FEND

Pi chui est un coup porté avec la partie latérale du poing ou avec l'avant-bras, grâce à un mouvement diagonal de haut en bas et de l'extérieur vers l'intérieur. En gongbu droite (voir page 44), placez le bras gauche en position tui zhang et le poing droit sur le côté. Puis faites pivoter le buste à gauche ; vous vous retrouvez en position gongbu gauche, tandis que vous amenez l'avant-bras droit contre la paume gauche

TECHNIQUES DE PAUME, ZHANG FA

TUI ZHANG, PAUME QUI POUSSE

Comme son nom l'indique, cette technique s'utilise pour pousser l'adversaire, mais aussi pour le frapper.

En gongbu droite (voir page 44), tendez le bras gauche à l'horizontale devant vous, la paume poussant vers l'avant. Faites pivoter le buste à droite et mettez-vous en position gongbu droite, tout en poussant la paume droit vers l'avant et en ramenant le poing gauche sur le côté

APPLICATION DE TUI ZHANG

Saisissez le poignet droit de votre adversaire et tirez-le vers vous sur le côté, tandis que vous frappez ou que vous poussez son menton ou son visage avec la paume droite

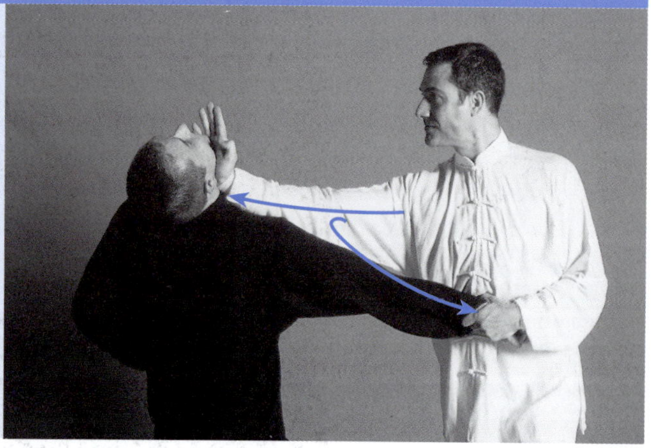

PI ZHANG, PAUME QUI FEND

Cette technique est la même que pi chui, sauf en ce qui concerne la position de la main, qui est ouverte

APPLICATION DE PI ZHANG

Saisissez le poignet droit de votre adversaire avec la main gauche et tirez-le vers vous sur le côté en même temps, frappez-le à la tête avec le tranchant de la main ou avec l'avant-bras

ZA ZHANG, PAUME QUI COUPE

Za zhang est différente de pi zhang car la trajectoire de la technique va du haut vers le bas et de l'intérieur vers l'extérieur.

En gongbu gauche (voir page 44), amenez la paume droite sur l'épaule gauche et la paume gauche devant le coude droit. Fermez le poing gauche et ramenez-le vers vous sur le côté, tandis que la paume droite se déplace en diagonale de bas en haut

APPLICATION DE ZA ZHANG

Avec la main gauche, saisissez et retenez le poignet droit de votre adversaire, tout en le frappant sur le côté du cou avec za zhang

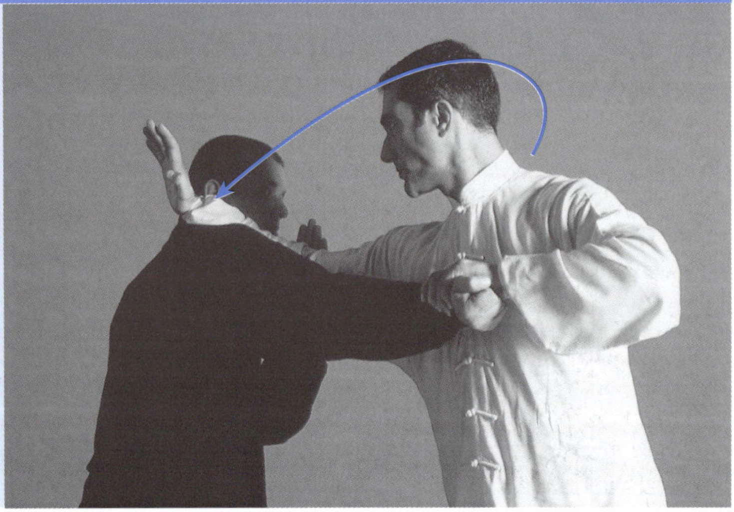

TECHNIQUES DE COUDE, ZHOU FA

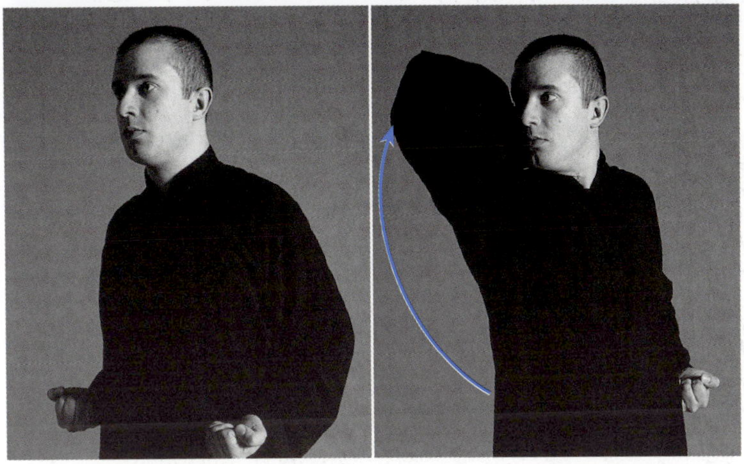

TIAO ZHOU, COUP DE COUDE MONTANT

Bras fléchis le long du corps, poings à hauteur de la taille, amenez le coude droit, plié, vers l'avant, en haut et le poing droit près de l'oreille droite

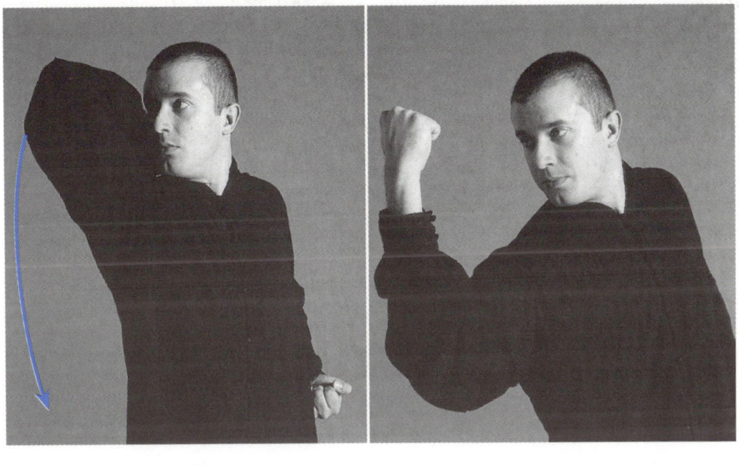

XIA ZHOU, COUP DE COUDE BAS

En partant de tiao zhou, déplacez le coude droit vers l'avant et en bas

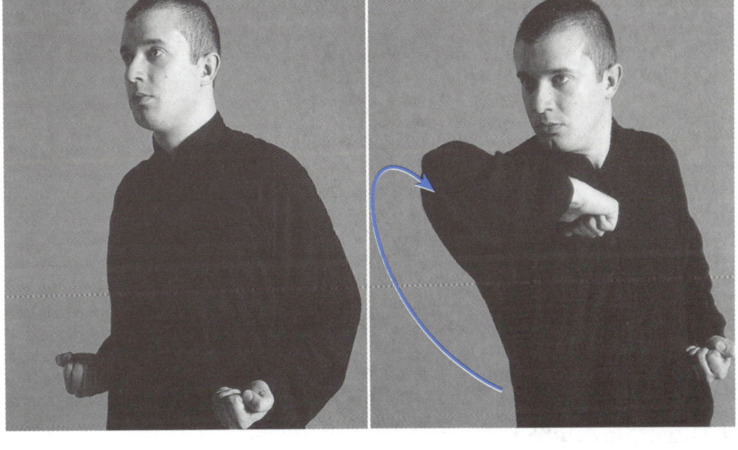

NEIHENG ZHOU, COUP DE COUDE INTERNE

Bras fléchis le long du corps, poings à la hauteur de la taille, déplacez le coude droit vers l'avant et vers l'intérieur, en ramenant le poing droit près de la poitrine et en gardant le bras en position horizontale

WAIHENG ZHOU, COUP DE COUDE EXTERNE

En partant de neiheng zhou, déplacez le bras droit latéralement, en appuyant la paume gauche sur le poing droit

HOUCI ZHOU, COUP DE COUDE ARRIÈRE

À partir de tiao zhou, amenez le coude droit en bas en arrière, la paume gauche pousse le poing droit

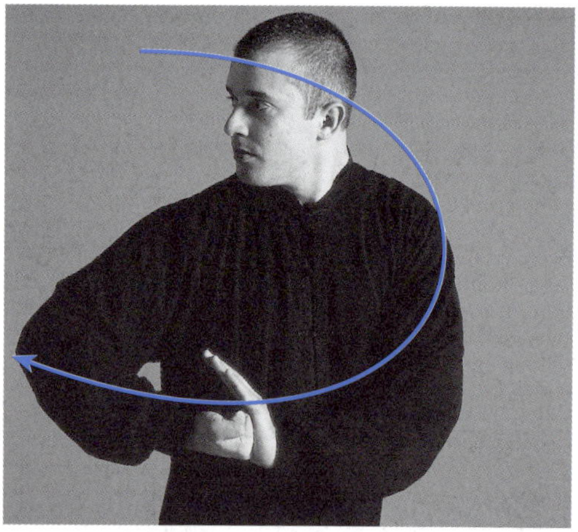

CI ZHOU, COUDE QUI EMBROCHE

Comme son nom l'indique, on se sert de ce coup de coude pour frapper vers l'avant avec la pointe du coude. À partir de zhunbei (voir page 35), avancez avec la jambe gauche et poussez la pointe du coude droit vers l'avant, en appuyant la main gauche sur le poing droit

TECHNIQUES DE PARADE, ZUDANG FA

NEIDANG, PARADE INTERNE

Neidang est un mouvement de l'avant-bras vers l'intérieur, avec supination de la main. Tendez l'avant-bras droit vers la gauche, avec un mouvement courbe

WAIDANG, PARADE EXTERNE

Waidang consiste à effectuer un mouvement de l'avant-bras vers l'extérieur, accompagné de la pronation de la main. En partant de neidang, déplacez l'avant-bras droit à l'intérieur vers la droite tout en faisant pivoter la paume de la main vers l'avant

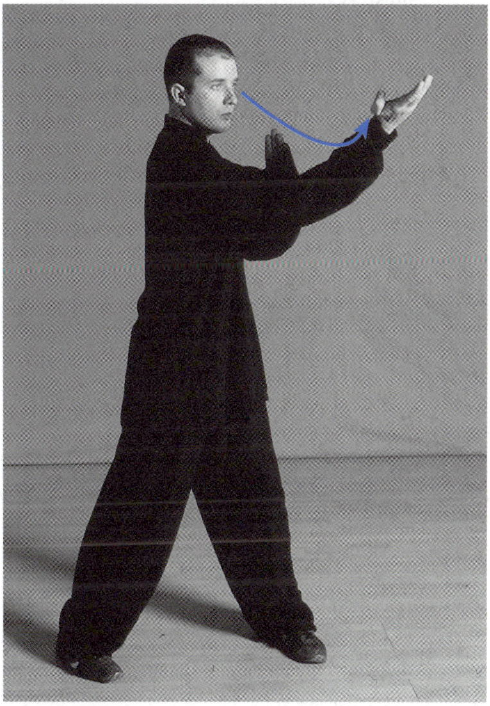

APPLICATION DE NEIDANG ET DE WAIDANG

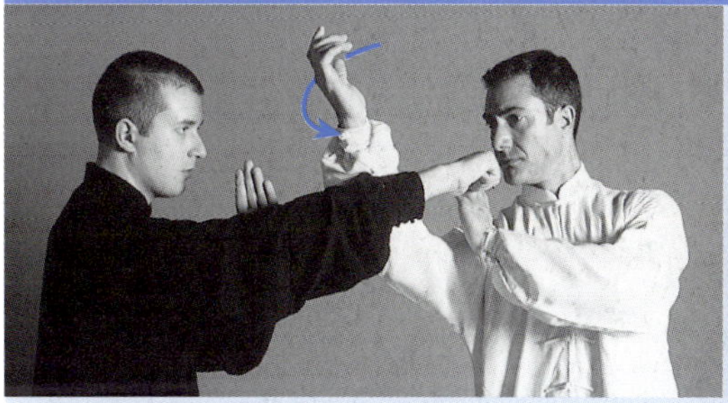

Cet exercice est pratiqué dans de nombreuses écoles pour s'entraîner aux deux techniques. Votre adversaire vous attaque avec un direct du droit au visage, et vous répondez en parant avec neidang droite ; puis votre adversaire vous donne un coup de poing de la main gauche, et vous parez avec waidang droite

SHANGDANG, PARADE HAUTE

Shangdang sert à bloquer les attaques hautes dirigées sur la tête. En partant de neidang, levez l'avant-bras droit et faites pivoter la paume de la main vers l'avant

APPLICATION DE SHANGDANG

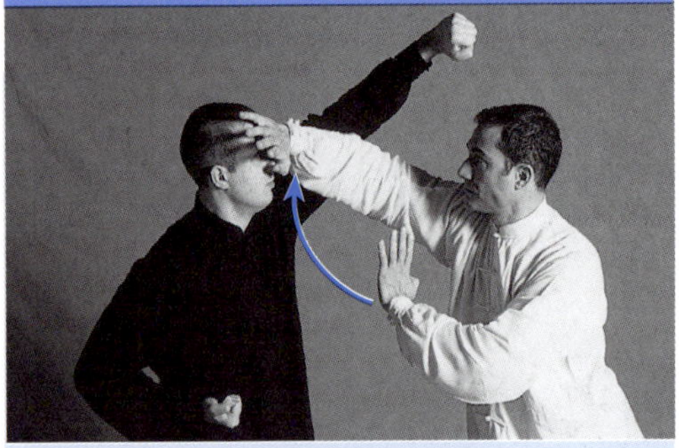

Si votre adversaire vous attaque au visage avec un coup de poing donné de la main gauche, levez le bras droit, interceptez son bras tout en portant la paume vers son visage

XIADANG, PARADE BASSE

Cette technique se révèle utile contre les attaques dirigées sur le buste ou sur le ventre. En partant de neidang, décrivez avec l'avant-bras droit un mouvement courbe vers le bas et sur l'extérieur

APPLICATION DE XIADANG

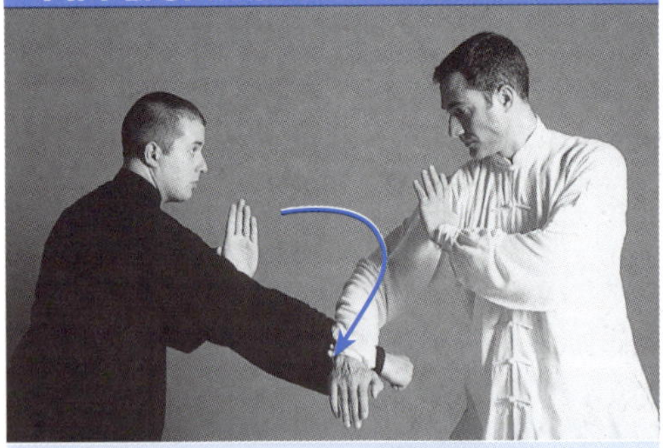

Si votre adversaire vous attaque avec un coup de poing droit au ventre, déplacez votre avant-bras en suivant une trajectoire courbe vers le sol et sur l'avant

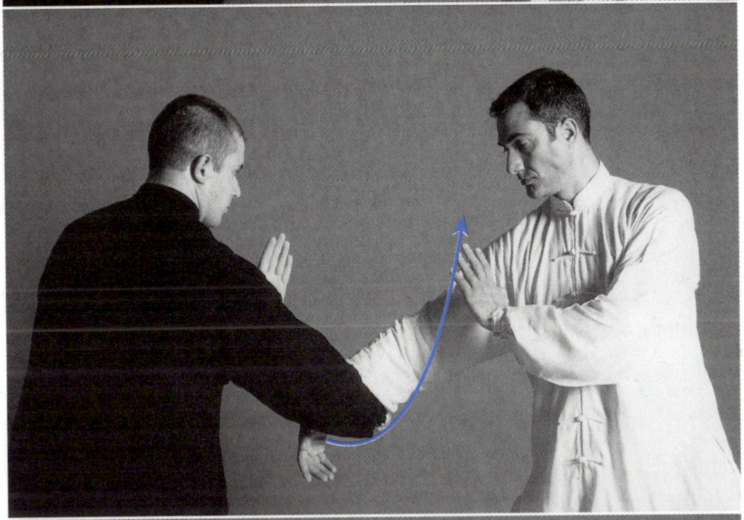

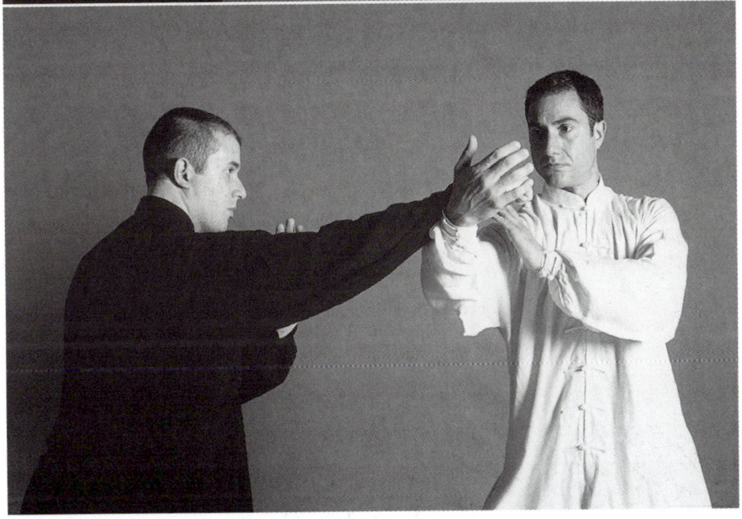

WAICHANDANG, PARADE ENVELOPPANTE VERS L'EXTÉRIEUR

Votre adversaire vous attaque en vous donnant un coup de poing de la main droite au visage, et vous parez avec waidang droite, puis vous déplacez son avant-bras vers le bas et vers l'intérieur, puis vers le haut, en lui faisant suivre une trajectoire circulaire dans le sens des aiguilles d'une montre

Les parades enveloppantes sont des techniques dans lesquelles on ne se contente pas d'arrêter le coup, mais où on le « guide » à l'aide de mouvements circulaires.

NEICHANDANG, PARADE ENVELOPPANTE VERS L'INTÉRIEUR

Votre adversaire vous attaque en vous donnant un coup de poing droit au visage, et vous parez avec neidang droite, puis vous poussez son avant-bras vers le bas à l'extérieur, puis en haut en faisant décrire à son avant-bras une trajectoire circulaire dans le sens contraire des aiguilles d'une montre

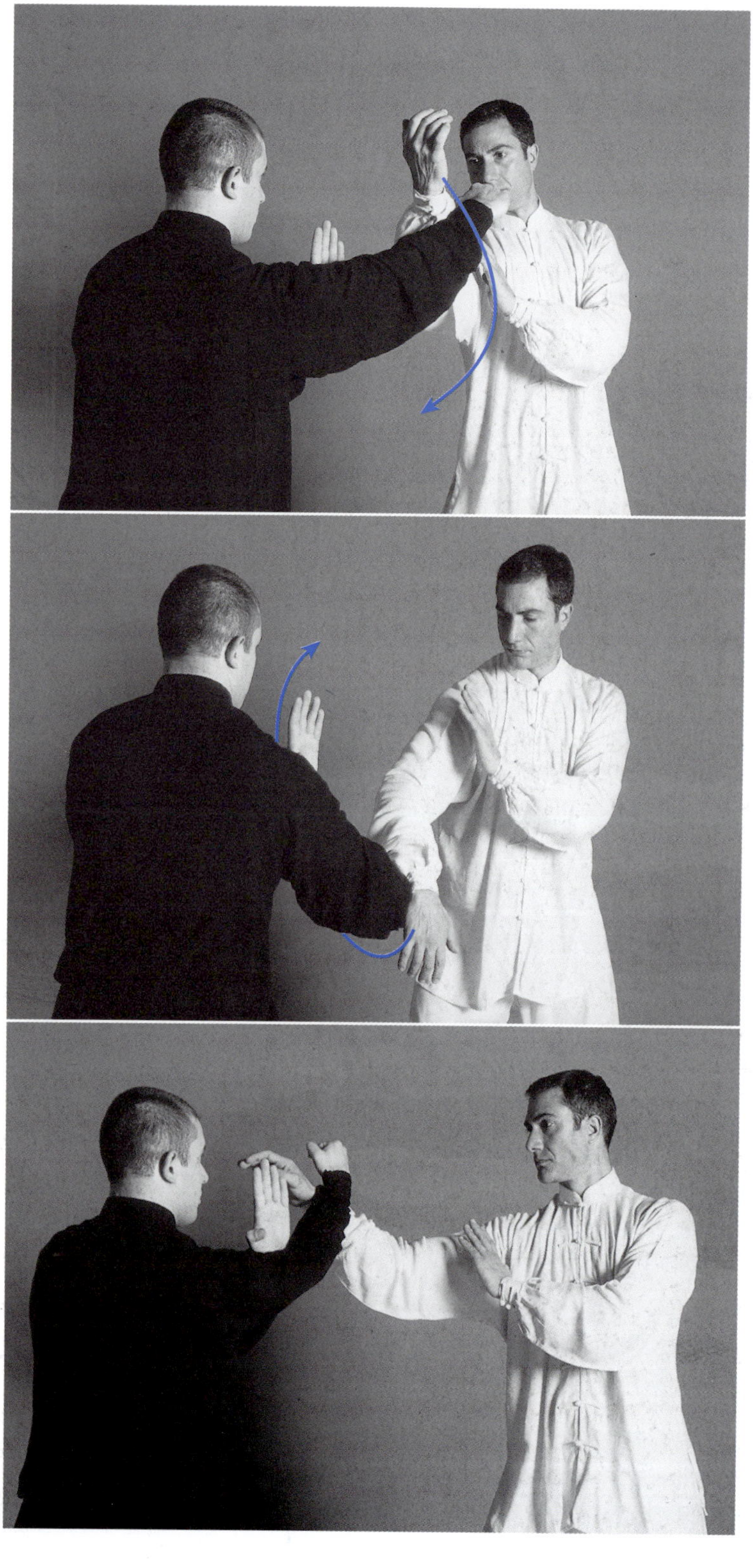

COMBINAISONS

Le moment est arrivé de combiner les différentes techniques que vous avez apprises. Les combinaisons suivantes ne sont que quelques-unes parmi les plus utilisées dans n'importe quel style de kungfu ; elles sont idéales pour se familiariser avec le combat. Évidemment, pour pouvoir prétendre affronter un combat, il faut que toutes les techniques de base expliquées dans les pages précédentes aient été apprises et mémorisées.

1. GONGBU ET ZHONG CHUI

Partez de la position zhunbei. Mettez-vous en mabu en déplaçant le pied gauche et lancez le bras gauche fléchi sur le côté, le poing à hauteur de votre tête. Faites pivoter les hanches et le buste à gauche, vous vous retrouvez en gongbu gauche, puis faites zhong chui droit

2. ZHONG CHUI, WAN GONG, BENG CHUI

Effectuez zhong chui gauche en gongbu droite

Faites pivoter le buste à gauche et mettez-vous en mabu, tandis que vous rapprochez le poing gauche de votre tête et que vous frappez avec zhong chui droit. La position finale des bras est appelée wan gong (tendre un arc)

Revenez en gongbu droite, placez la main gauche ouverte devant votre visage et abaissez le poing droit

Continuez le mouvement en abaissant la main gauche et en levant le poing droit devant vous, le dos de la main tourné vers l'avant. Cette technique est appelée beng chui

APPLICATION EN COMBAT

Si votre adversaire vous attaque avec un coup de poing droit au visage, parez avec waidang droite

Saisissez son poignet et tirez-le vers vous tandis que vous le frappez avec zhong chui gauche au visage

Si votre adversaire pare votre poing avec shangdang gauche, saisissez-lui le poignet puis frappez-le au buste avec zhong chui droit

Si votre adversaire pare votre coup avec la main droite, de la main gauche abaissez son bras gauche et attaquez-le au visage avec le dos de votre poing droit

3. GONGBU, ZHEN TANTI, MABU

Avancez en gongbu gauche et portez zhong chui droit à la hauteur du visage. Déplacez votre poids sur la jambe gauche puis effectuez zhen tanti droit et zhong chui gauche en même temps. Prenez appui sur le pied droit pour vous retrouver en mabu, ramenez le poignet gauche vers votre oreille gauche et portez zhong chui droit

APPLICATION EN COMBAT

En partant d'une position naturelle, le côté droit du corps placé vers l'avant, saisissez de la main droite le poignet droit de votre adversaire et tirez-le au niveau de votre taille tout en le frappant avec zhong chui gauche au visage

Si votre adversaire pare votre coup de poing avec l'avant-bras gauche, saisissez son poignet et amenez-le au niveau de votre taille pendant que vous l'attaquez avec zhong chui droit au visage et zhen tanti gauche au genou droit

Si votre adversaire pare votre coup de poing avec l'avant-bras droit, saisissez son poignet, tirez-le sur votre droite, puis attaquez-le avec zhong chui au niveau des côtes, au foie ou au niveau de la cavité de l'aisselle droite

4. FENZHOU, ZHONG CHUI, DENGTI, PI CHUI

En partant de la position zhunbei, fléchissez et levez le genou droit pour vous retrouver en dulibu, tout en levant les bras en l'air vers la droite dans un mouvement curviligne

Posez le pied droit sur le sol et déplacez le pied gauche vers l'avant pour vous retrouver en pubu, tandis que vous serrez le poing droit pour l'amener au niveau de la hanche et que vous poussez la paume droite vers le bas, devant vous

Continuez le mouvement, et déplacez le poids du corps sur la jambe gauche pour vous retrouver en gongbu gauche, pendant qu'avec les bras vous effectuez shangdand gauche et zhong chui droit

Effectuez dengti droit tout en ouvrant la main gauche et en ramenant le poing droit sur le côté

Avancez en mabu droite et faites pi chui droit en gardant la paume droite entre votre visage et votre poing droit pour vous protéger

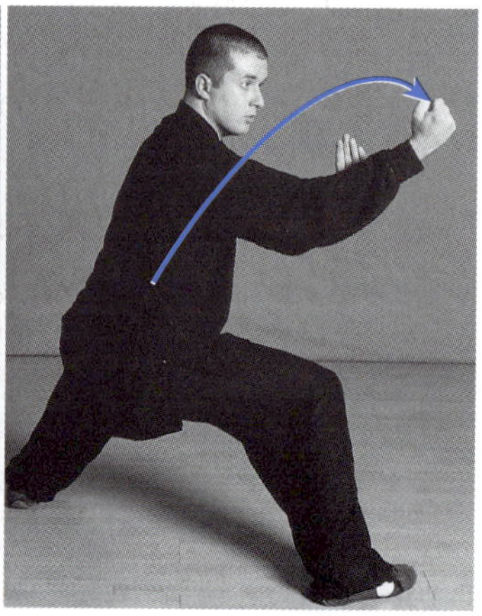

APPLICATION EN COMBAT

Si votre adversaire vous attaque au visage avec le bras droit, interceptez-le en lui bloquant le poignet avec la paume de la main droite et le coude avec la paume de la main gauche

Saisissez-lui le poignet avec la main droite et tirez-le vers vous sur le côté en gardant le pied droit au sol ; poussez son coude vers le sol avec la paume de la main et mettez-vous en position pubu

Si votre adversaire résiste à votre contrôle, attaquez-le au visage avec la paume de la main droite, de façon qu'il se défende avec la main gauche

À ce moment-là, saisissez son poignet gauche, levez-le en l'air vers la gauche et frappez-le au buste avec zhong chui droit

Si votre adversaire recule, suivez-le et attaquez-le avec dengti droit au genou

Poursuivez le mouvement en tirant son poignet gauche vers le sol à gauche et en l'attaquant avec pi chui droit à la tempe

QINNA, CONTRÔLE TOTAL

« Le wushu est un patrimoine unique de la Chine, et le qinna représente la moelle épinière du wushu. »

(LI ZI MING, MAÎTRE DE BAGUA ZHANG)

Qinna signifie « saisir et contrôler » et comprend une grande variété de techniques servant à bloquer et à contrôler l'adversaire ; de l'avis de nombreux maîtres de kungfu, elles sont la partie la plus importante de nombreux styles chinois.

Si, avec les coups de pied, les coups de poing, les coups de coude, les coups de genou et les projections, nous pouvons provoquer des dommages difficilement prévisibles, avec les techniques de qinna nous sommes en mesure, grâce à des prises, des immobilisations et des clés douloureuses, de contrôler notre adversaire sans nécessairement le blesser.

Les techniques de qinna sont divisées, selon le degré de difficultés, en :

– *passives.* Sont passives les techniques qui servent à se libérer de prises et de clés effectuées par notre adversaire ainsi que les techniques effectuées sur un adversaire passif ; elles sont le stade le plus élémentaire, idéal pour débuter l'étude et la pratique ;

– *actives.* Sont actives les techniques effectuées sur un adversaire selon des schémas simulant une situation réelle de combat. Ce niveau est plus complexe, il exige qu'on ait la capacité d'interagir avec l'agresseur de manière adaptée, rapidement et sans hésitation ;

– *contre-attaques armées.* Elles représentent le niveau le plus élevé.

Elles sont aussi divisées en fonction de type d'action et de son effet sur l'adversaire en :

– *zhua jin, saisir les tendons.* Dans les techniques de qinna, lorsque l'on saisit une extrémité ou une partie du corps de l'adversaire, on ne se contente pas de retenir cette partie du corps, mais la prise consiste à agir, au travers de la pression exercée par les doigts sur l'intérieur du corps, surtout sur les muscles et les tendons. Cela provoque la douleur et une diminution de la capacité de réagir avec force ;

– *fen jin, diviser muscles et tendons.* Là se trouvent les

De nombreuses techniques de qinna peuvent blesser de façon irrémédiable votre adversaire. La tradition veut qu'on ne les enseigne pas à des débutants ni à ceux qui n'ont pas un comportement moral correct.

techniques grâce auxquelles les muscles ou les tendons sont « séparés » du reste du corps pour les tendre à l'extrême ou même carrément les abîmer en les déchirant ;
– *tuo gu, déboîter os et articulation.* Dans ce groupe se trouvent la plupart des techniques les plus connues, non seulement dans le kungfu, mais aussi dans le jujitsu, le judo ou l'aïkido. En général, ce groupe de techniques est appliqué selon le principe des clés dans le but d'immobiliser l'adversaire ou de lui luxer les articulations ;
– *bi qi, obstruer la respiration.* Dans ce groupe se trouvent les techniques qui bloquent la respiration en agissant sur la gorge ou sur les muscles ou les nerfs qui influent sur la fonction respiratoire ;
– *dian xue, toucher les cavités.* C'est le stade le plus dangereux puisqu'il permet d'agir sur la circulation des énergies de l'adversaire.

En fait, il s'agit de techniques qui agissent sur les veines et les artères, sur les nerfs et sur les méridiens utilisés en acupuncture. Si on les applique correctement elles peuvent se révéler mortelles ou en tout cas blesser gravement votre infortuné adversaire. De par leur dangerosité, on les appelle aussi huai shou, ou techniques mauvaises. À présent, nous allons illustrer certaines de ces techniques parmi les plus basiques.

KOU SHOU CHAN WAN, RETENIR LA MAIN ET ENVELOPPER LE POIGNET

De la main droite, votre adversaire saisit votre poignet droit

Posez votre main gauche sur sa main et pressez-la contre votre poignet droit

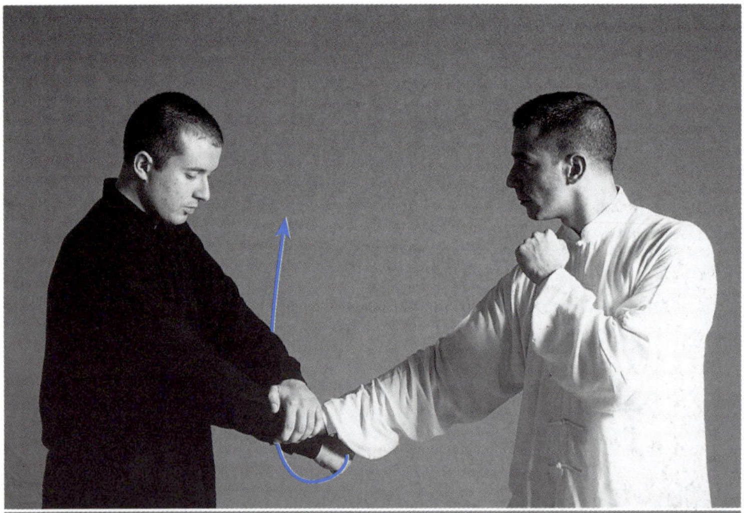

De la main droite faites une rotation à 180° dans le sens des aiguilles d'une montre autour du poignet de votre adversaire de façon à le lui faire plier à 90°

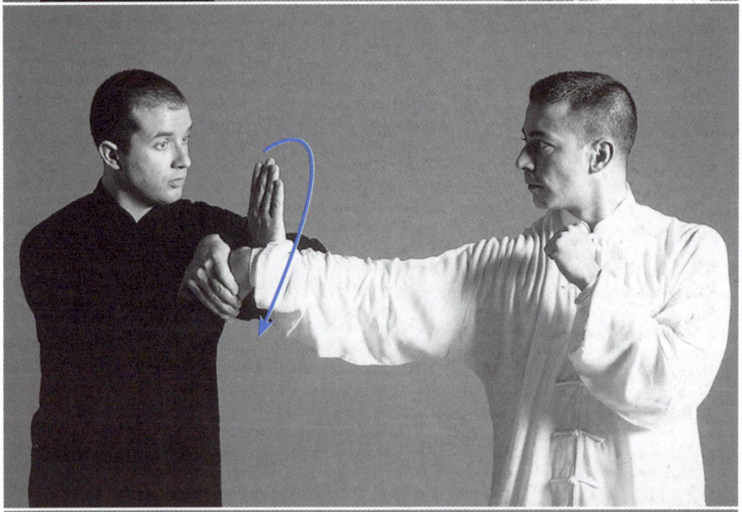

Puis, en mettant votre main droite en position gou, saisissez son avant-bras et poussez-le vers le sol dans une direction orthogonale par rapport aux axes formés par l'avant-bras et par le dos de sa main. Cette technique et les suivantes appartiennent au groupe tuo gu. Elles sont très douloureuses et efficaces si elles sont effectuées correctement

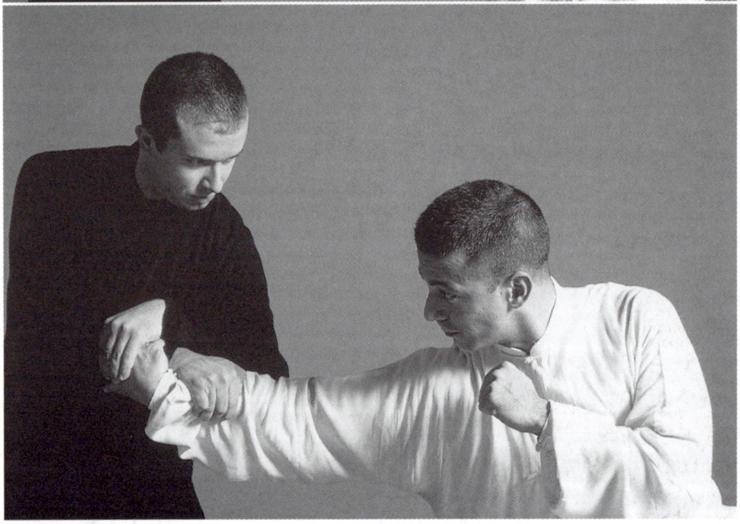

WAI NING WAN, TORDRE LE POIGNET VERS L'EXTÉRIEUR

De la main droite, votre adversaire saisit votre poignet droit et essaie de vous attirer vers lui. Accompagnez son mouvement et déplacez la main et l'avant-bras droit vers l'intérieur de son bras en décrivant un mouvement circulaire dans le sens inverse des aiguilles d'une montre ; de la main gauche, saisissez sa main, en faisant peser le pouce sur le dos de sa main et en plaçant les quatre autres doigts au centre de sa paume. Tout en poursuivant votre trajectoire circulaire, levez l'avant-bras droit en l'air légèrement vers vous : vous libérerez votre poignet de l'emprise de votre adversaire. De la main droite, saisissez sa main droite ; vos pouces se trouvent sur le dos de sa main. Pliez-lui le poignet à 90° en poussant sa main en direction de son visage, puis tordez-la-lui en la dirigeant sur l'extérieur vers le sol

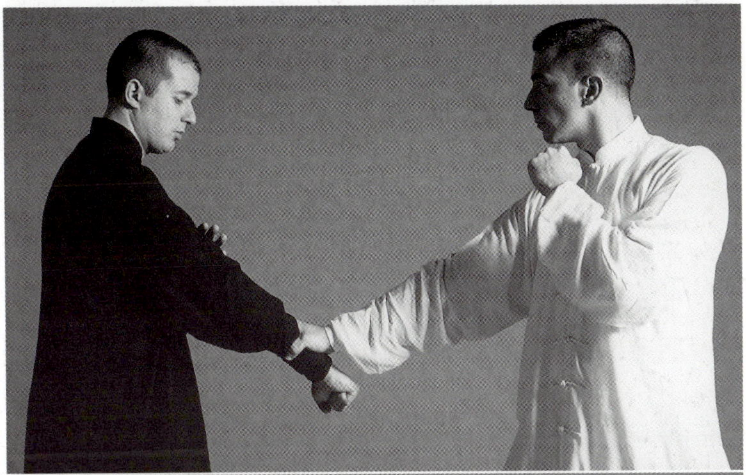

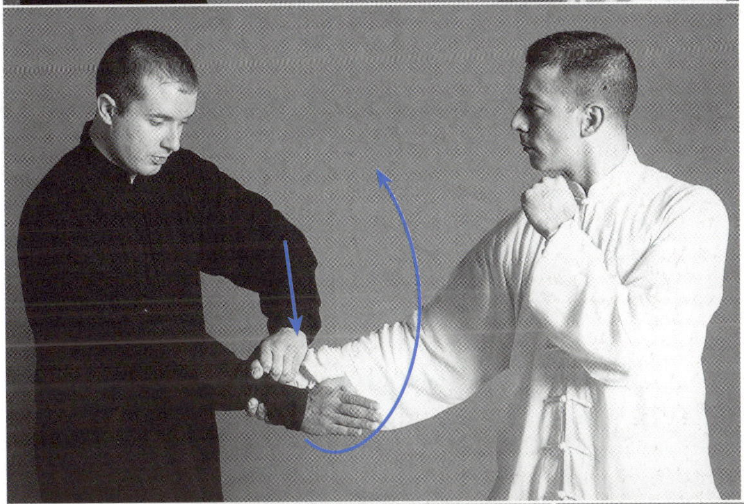

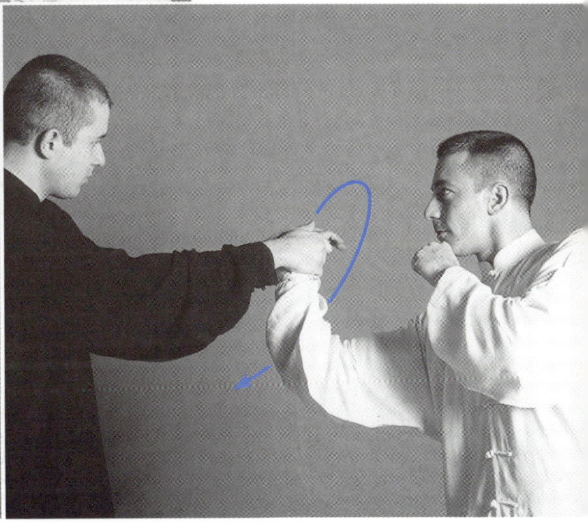

BI GANG ZHOU, SOULEVER LE COUDE AVEC L'ÉPAULE

Si votre adversaire vous attaque en vous donnant un coup de poing droit au visage, parez avec shangdang gauche

De la main gauche, saisissez son poignet et, avec mouvement circulaire dans le sens inverse des aiguilles d'une montre, tirez-le vers le sol à droite en le tordant tout en saisissant son avant-bras de la main droite

Déplacez le pied gauche pour l'amener à côté de celui de votre adversaire et faites pivoter votre corps à 180° ; dans le même temps levez son bras et placez son coude sur la zone qui se trouve entre votre épaule et votre cou (le muscle trapèze). Il faut que sa main soit en supination, c'est-à-dire que sa paume doit se trouver en l'air

Tirez son poignet vers le sol et, en vous aidant de votre épaule, poussez son coude en l'air et en avant : votre épaule fera levier et vous pourrez projeter votre adversaire devant vous

TECHNIQUES DE SENSIBILITÉ

« Si mon ennemi est dur, je reste souple ; c'est ça, l'énergie flexible. Lorsque mon ennemi se déplace, je le suis ; c'est ça, l'adhésion. »
(PROVERBE DU TAIJI)

L'une des particularités du kungfu consiste en des exercices visant à développer la sensibilité. On pense, en général, qu'il s'agit d'une particularité que l'on trouve dans un petit nombre de styles, comme le tuishou (mains qui poussent) du taiji quan ou le zhanshou (littéralement mains collantes), plus connu sous le nom de ch'i sau ; en réalité, de nombreux styles, en général, les styles doux et internes, ont recours à des exercices de ce type.
L'objectif principal de ces techniques de sensibilité est d'apprendre à percevoir les mouvements de l'adversaire par le toucher et d'y répondre de façon automatique et efficace. À un niveau avancé, l'exercice permet de comprendre l'intention de l'adversaire avant même qu'elle ne soit devenue action.
En réalité, les exercices de sensibilité servent à entraîner et à développer le jing, c'est-à-dire la force intelligente, raffinée, concept clé qui veut faire du kungfu un art martial unique et supérieur aux autres et qui, dans la pensée martiale chinoise, s'oppose au terme li, force ou puissance.
Dans le kungfu, on développe différentes sortes de jing, qui, selon l'utilisation que l'on doit en faire pendant le combat, sont divisés en trois catégories principales :
– *dong jing,* l'utilisation de l'énergie pour comprendre l'intention de l'adversaire ;
– *gong jing,* ou *fa jing,* différentes manières d'utiliser l'énergie dans la phase offensive du combat ;
– *shou jing,* ou *hua jing,* différentes manières d'utiliser l'énergie dans la phase défensive du combat.

Les exercices que nous vous présentons ci-après sont des exercices de base, idéaux pour les débutants mais aussi très utiles pour les pratiquants confirmés. Disons tout d'abord qu'étudier les techniques de sensibilité n'est pas facile et que seul un entraînement régulier avec un enseignant expert peut garantir l'obtention de bons résultats. Nous vous

exhortons à faire ces exercices en tenant compte des principes suivants :
1. *restez détendu.* La première prérogative est d'être physiquement détendu ; si on se raidit, il n'est pas possible de sentir les mouvements de son partenaire et de s'y adapter ;
2. *ne forcez pas.* Il est important de ne pas employer la force pour faire bouger son partenaire ni pour lui résister. L'usage de la force fait obstacle au développement de la sensibilité ;
3. *conservez un équilibre stable.* Une fois que l'on est parvenu à se détendre et à ne pas utiliser la force, on s'aperçoit que l'on n'est pas stable sous les poussées de son partenaire. Cela se produit parce qu'on ne parvient pas à interagir avec la force de son partenaire de façon adaptée. Pour améliorer votre équilibre faites en sorte que ses poussées en force soient faites à vide ou qu'elles soient absorbées par le corps et qu'elles se déchargent dans le sol à travers vos pieds ;
4. *adhérez.* Pour comprendre le principe de l'adhésion, imaginons un homme dans une piscine complètement immergé dans l'eau, qui « adhère » à sa peau. Quoi qu'il fasse, l'eau continue à adhérer à son corps. Ceci est possible car l'eau fait continuellement pression sur l'axe central de l'homme. Cette image est très proche de ce que l'on fait pour « adhérer », c'est-à-dire qu'à chaque instant on fait pression en direction de l'axe central de son partenaire.

CHANSHOU, BRAS QUI ENVELOPPENT

Les exercices que nous vous proposons ici consistent en un mouvement circulaire du bras dans le sens des aiguilles d'une montre et en sens inverse. Chaque cercle peut être exécuté avec le bras droit ou gauche sur le bras droit ou gauche de son partenaire, en conséquence huit combinaisons sont possibles, soit quatre par bras.

DAN WAI CHANSHOU TI YI FA, BRAS QUI ENVELOPPE À L'EXTÉRIEUR – PREMIÈRE SÉQUENCE

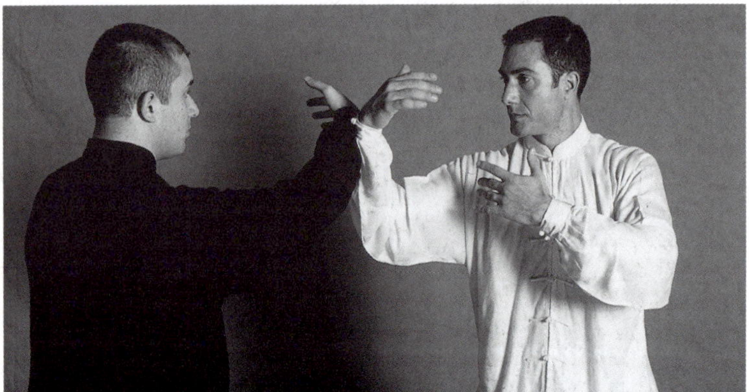

Position de départ. Votre partenaire et vous-même êtes face à face, le bras droit levé. Placez votre avant-bras droit contre celui de votre partenaire, la paume tournée vers votre visage

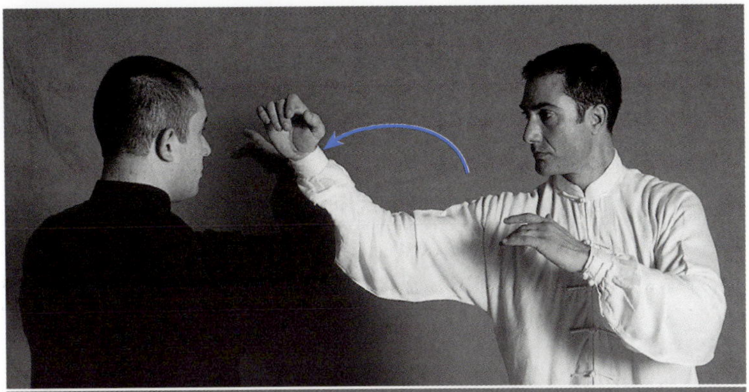

Les épaules relâchées, poussez le bras en avant...

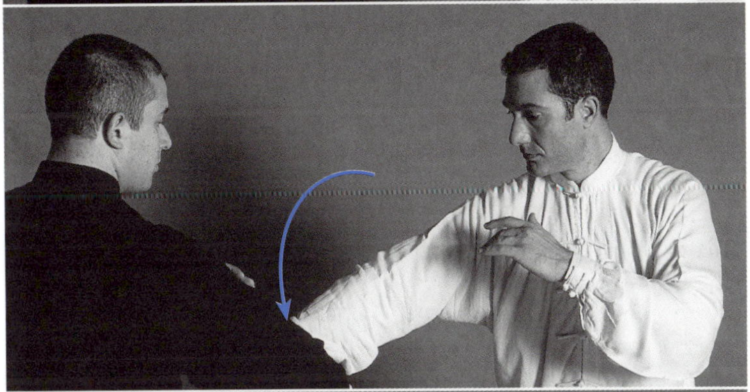

...puis vers le sol en suivant une trajectoire courbe...

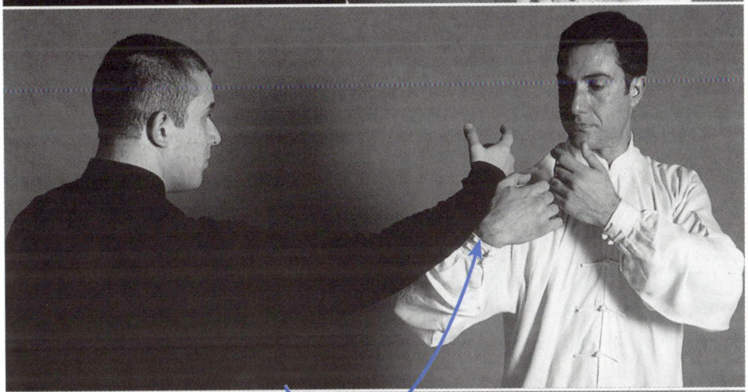

...puis vers le haut en dessinant un cercle dans le sens des aiguilles d'une montre dont votre coude serait le centre

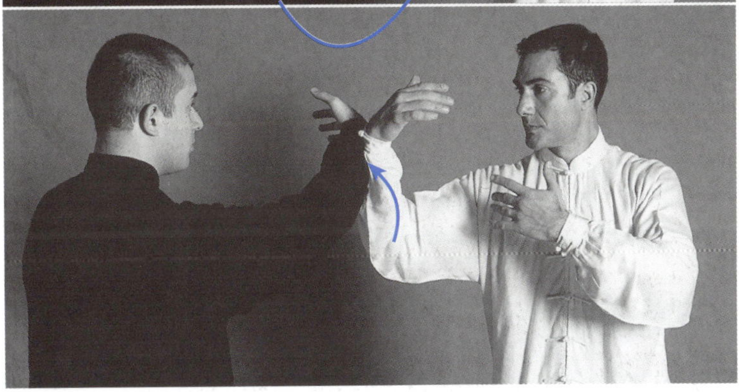

Vous vous retrouverez au point de départ, prêt à recommencer

DAN WAI CHANSHOU TI ER FA, BRAS QUI ENROULE À L'EXTÉRIEUR – DEUXIÈME SÉQUENCE

Partez en ayant l'avant-bras droit à l'intérieur du bras gauche de votre partenaire

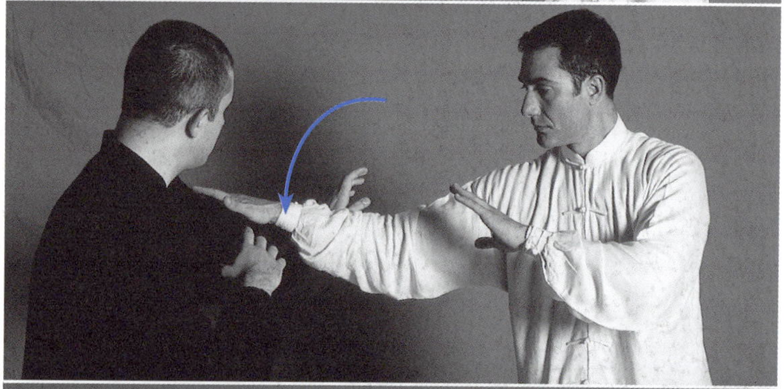

Baissez son avant-bras vers l'extérieur dans un mouvement de rotation

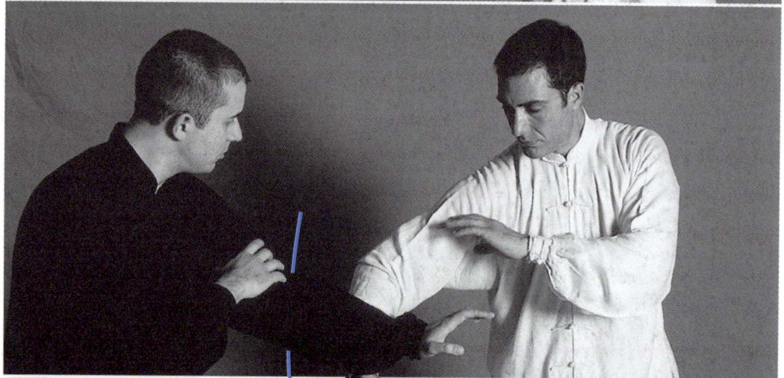

Passez à l'extérieur de son avant-bras et continuez à le pousser vers l'intérieur

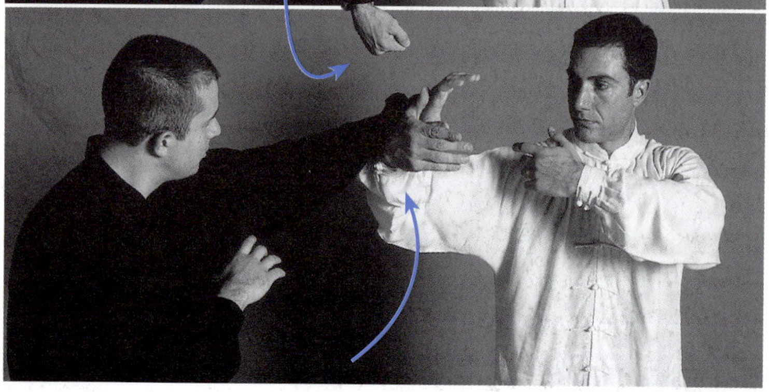

Montez alors son bras vers le haut, en dessinant un cercle

DAN NEI CHANSHOU TI YI FA, BRAS QUI ENROULE À L'INTÉRIEUR – TROISIÈME SÉQUENCE

Placez votre avant-bras droit sur l'extérieur de l'avant-bras gauche de votre partenaire ; déplacez-le sur l'intérieur en direction du sol

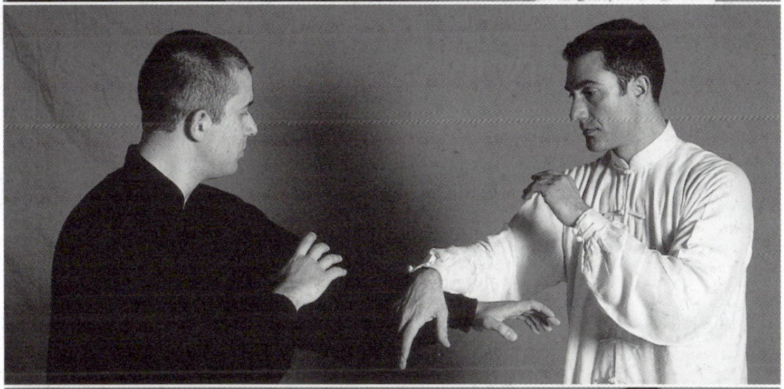

Puis sur l'extérieur en direction du sol. À ce moment votre main se trouve à l'intérieur de son avant-bras

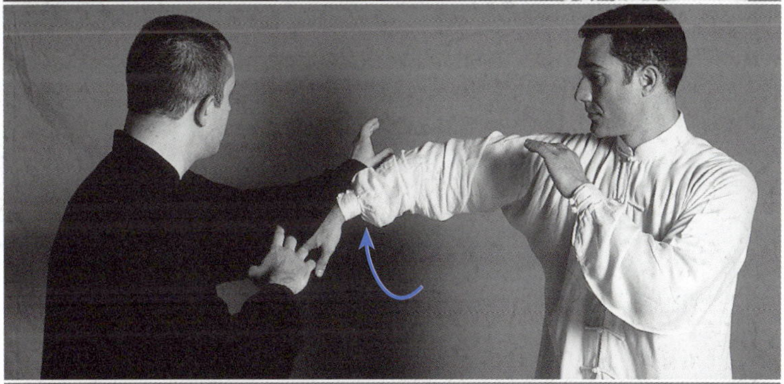

Puis, pendant que vous poussez son avant-bras vers le haut, passez votre avant-bras sous le sien…

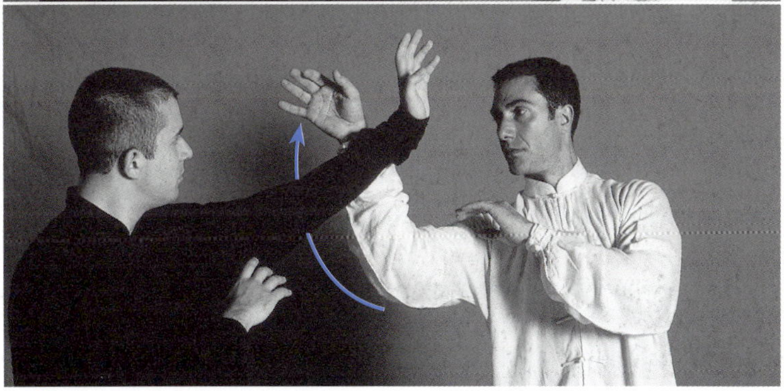

…puis à l'extérieur pour achever le cercle

SHUANG NEI CHANSHOU, SÉQUENCE À DEUX MAINS

Cette séquence est d'un niveau nettement supérieur : ici vos deux bras poussent ceux de votre partenaire, dans un mouvement circulaire vers l'intérieur, mais avec un mouvement décalé d'un demi-tour.

Placez vos avant-bras sur l'extérieur des avant-bras de votre partenaire et faites pression

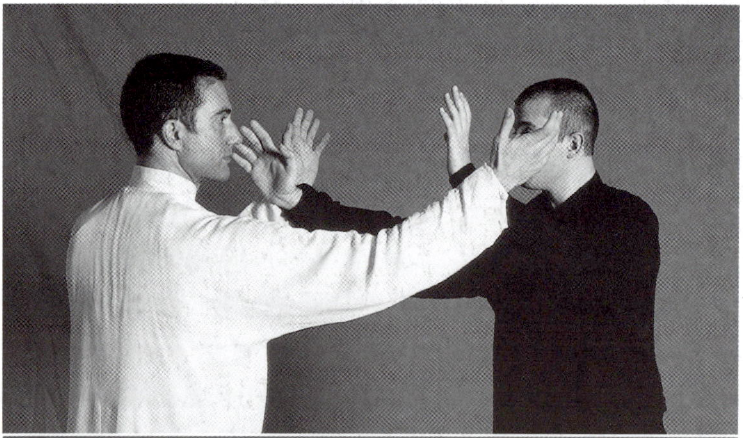

Déplacez l'avant-bras gauche de votre partenaire sur l'intérieur en direction du sol, avec un mouvement courbe

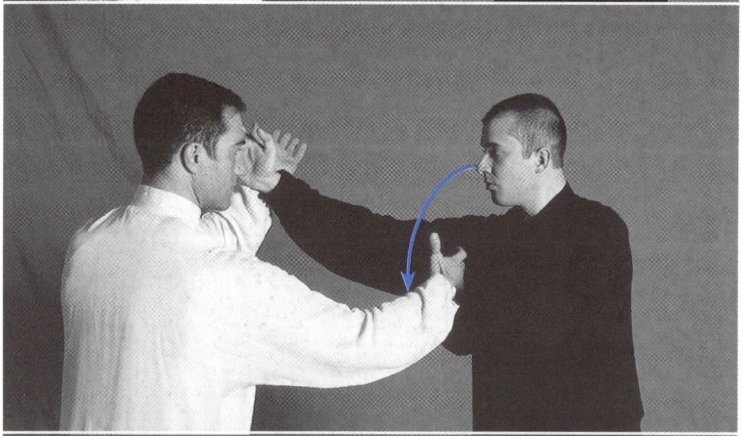

Continuez à déplacer son avant-bras gauche vers le sol à droite, et commencez à déplacer son avant-bras droit sur l'intérieur. Remarquez qu'à ce moment vos deux bras poussent vers la droite

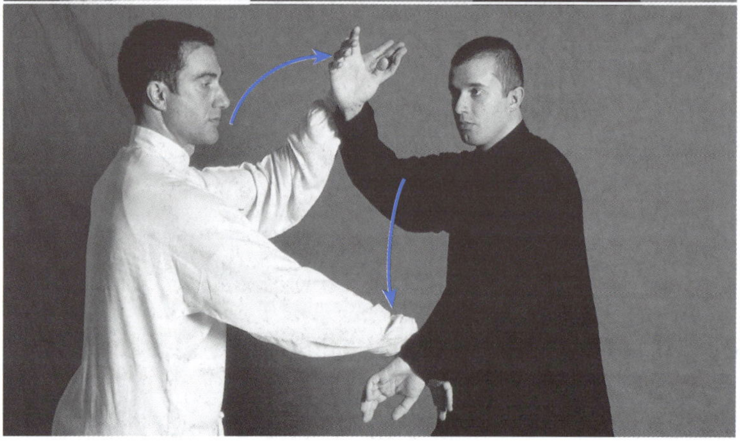

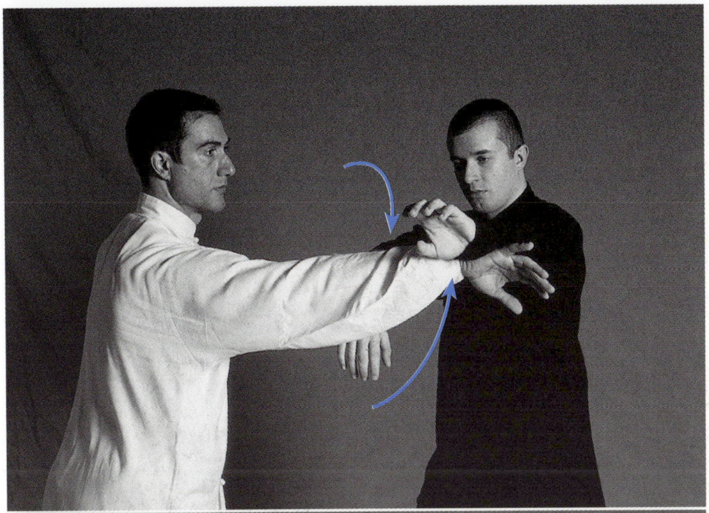

Tandis que vous déplacez son avant-bras droit vers l'intérieur en direction du sol, poursuivez le mouvement circulaire que vous infligez à son bras gauche vers le haut. À ce stade vos bras se déplacent en direction opposée, le droit vers le haut, le gauche vers le sol

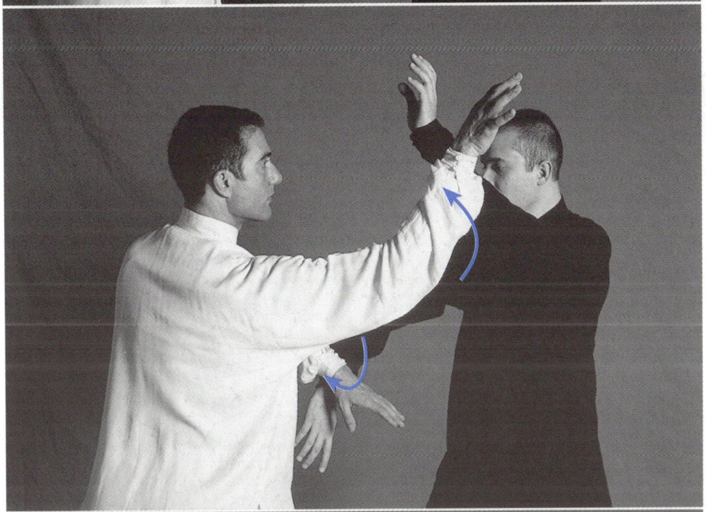

Continuez à déplacer son avant-bras droit sur l'extérieur, pendant que vous glissez votre avant-bras droit à l'extérieur de son bras gauche et que vous le poussez sur l'intérieur

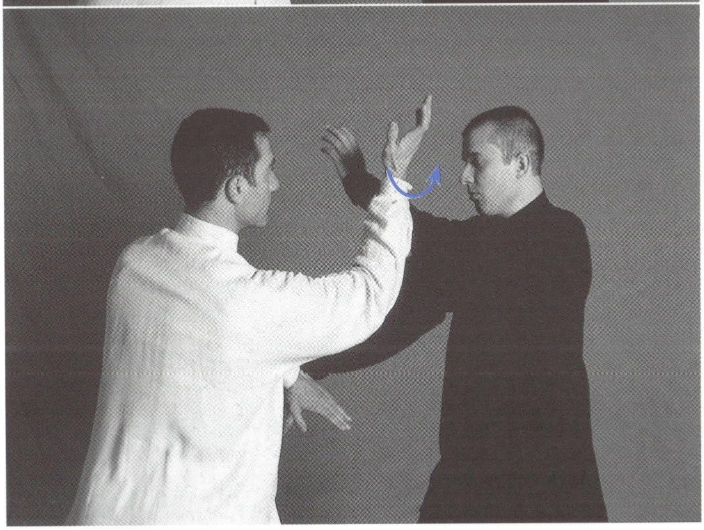

Achevez le cercle avec votre bras droit, tout en continuant à effectuer la deuxième moitié du cercle avec le bras gauche

SANDA, LE KUNGFU SPORTIF

Le sanda est un sport de combat moderne qui emprunte ses principes au kungfu et dont on a éliminé toutes les techniques les plus dangereuses pour la sécurité des pratiquants.
Il se caractérise par des mouvements fluides et rapides et par des techniques qui sont portées avec force et agilité en même temps. Le combat exalte des qualités telles la rapidité et la souplesse. Bien que ressemblant à d'autres disciplines, comme le kickboxing, le sanda s'en différencie surtout par l'usage original qui y est fait des techniques de combat debout, dérivant pour la plupart de techniques très spectaculaires de shuai jiao (lutte chinoise). Les compétitions de sanda ont lieu sur une estrade carrée surélevée qui évoque le traditionnel leitai et se déroulent selon des règles précises. Les concurrents endossent un équipement de protection constitué de casques légers, de protège-dents, de gilets, de coquilles, de gants de boxe et de protège-tibias. Le sanda est un sport de combat en perpétuelle évolution, et la Chine est en train de faire de gros efforts pour le développer au niveau international ; il n'est pas exclu qu'il puisse intégrer dans un proche avenir, en tant que discipline sportive, les jeux Olympiques. Nous allons maintenant vous montrer quelques-unes des techniques de base les plus utilisées au cours des combats.

YUBEI SHI, POSITION DE GARDE

Face à votre adversaire, déplacez votre pied gauche devant à gauche et faites pivoter votre corps ; les pointes de vos pieds doivent être parallèles et tournées à droite. Rapprochez votre main droite protégée par un gant de boxe de votre joue droite pour éviter des coups éventuels et placez votre main gauche entre vous et votre adversaire. Les coudes et les bras protègent les côtés. Déplacez le poids de votre corps sur les avant-pieds et gardez les genoux légèrement fléchis

ZUO ZHI QUAN, COUP DE POING DIRECT GAUCHE

En partant de la position de garde, déplacez le poids du corps sur la jambe avant et lancez le bras gauche en direction de l'objectif que vous voulez atteindre, en l'occurrence le visage de votre adversaire. Votre bras droit reste en position de garde pour protéger le côté droit et le menton

YOU ZHI QUAN, COUP DE POING DIRECT DROIT

À partir de la position de garde, déplacez la hanche et l'épaule droites en direction de votre adversaire tout en lançant le bras droit pour atteindre son visage avec le poing. Le bras gauche reste près du corps pour protéger le côté et la tête

ZUO BAI QUAN, COUP DE POING CIRCULAIRE GAUCHE

Pour toucher la tête avec le gant gauche après avoir porté un direct du droit, effectuez une torsion du buste à droite et lancez le poing gauche en donnant à votre bras un mouvement courbe

GOU QUAN, COUP DE POING MONTANT DROIT

Le crochet du droit est souvent porté après un coup de poing gauche. Pour faire ce mouvement, baissez le buste en fléchissant les jambes puis faites pivoter le buste à gauche, en amenant le côté et l'épaule droite devant. Puis portez le crochet du droit au niveau du buste en faisant faire à votre bras un mouvement courbe vers l'avant et en haut

HOU BEI QUAN, COUP DE POING AVEC VRILLE

Hou bei quan est un coup donné en vrillant le corps. À partir de la position de garde, déplacez le pied gauche en diagonale avant et sur la droite, faites pivoter le buste de 180° toujours vers la droite et frappez le visage de votre adversaire avec le dos de votre gant droit

DENGTI, COUP DE PIED FRONTAL

À partir de la position de garde, déplacez le poids du corps sur la jambe droite, puis levez la jambe gauche en fléchissant le genou. Lancez la jambe gauche pour aller frapper l'abdomen de votre adversaire avec la plante du pied gauche

BAITI, COUP DE PIED CIRCULAIRE

À partir de la posture de garde, déplacez le pied gauche en diagonale avant et sur la gauche (la pointe du pied doit être dans la même direction que le déplacement effectué) tout en effectuant une torsion du buste à gauche.
Levez la jambe droite avec un mouvement en diagonale vers la gauche, et frappez la cuisse de votre adversaire avec le tibia ou avec le cou de pied droit

Nous vous présentons dans cette séquence xia baiti, c'est-à-dire le coup de pied circulaire bas, mais la même technique peut être exécutée à hauteur moyenne pour frapper les côtés ou au niveau de la tête.

CEDENGTI, COUP DE PIED LATÉRAL

À partir de la position de garde droite, levez la jambe droite et lancez-la latéralement, en frappant le côté ou l'abdomen de votre adversaire avec la plante du pied. C'est une technique utilisée dans le sanda comme coup de pied de « rencontre », c'est-à-dire pour arrêter un adversaire qui vous attaque par un coup de poing ou un coup de pied

BAO TUI YA ZHOU, PROJECTION AVEC LEVIER SUR UNE JAMBE

Attirez l'attention de votre adversaire en lui décochant un direct du gauche au visage. S'il répond par un coup de poing droit ou gauche à la tête, esquivez le coup en vous baissant sur sa jambe avancée, et faites peser votre avant-bras gauche sur la face interne de sa cuisse gauche (le gant de boxe protège le visage) ; de la main droite saisissez sa cheville gauche. Puis poussez avec votre avant-bras sa cuisse vers le sol sur la droite tout en tirant sa cheville en l'air et vers la gauche, le déséquilibrant et le faisant tomber

BAO TUI SHOU BIE, PROJECTION AVEC LEVIER SUR DEUX JAMBES

C'est une variante de la technique précédente ; elle s'en distingue car, au lieu de faire peser l'avant-bras sur la cuisse de l'adversaire, on glisse le bras gauche entre ses jambes, en appuyant l'épaule contre sa cuisse gauche et le poignet derrière son genou droit

À partir de là, faites pression avec votre épaule gauche sur sa cuisse, tirez sa cheville gauche avec la main droite comme dans la technique précédente, et poussez la main gauche contre la cuisse droite de votre adversaire : il tombera à gauche, sur le dos

Pour réussir votre projection, il faut effectuer un mouvement de torsion et de flexion du buste comme sur la photo.

BAO TUI QIAN TUI,
RETENIR LA JAMBE ET POUSSER LE BUSTE

Si votre adversaire vous attaque de côté par un coup de pied circulaire droit, déplacez le pied droit en diagonale vers l'avant et à droite et faites pivoter le buste à gauche, pendant que vous parez le coup avec l'avant-bras droit et que vous saisissez sa jambe à l'aide du bras gauche

Tandis que vous maintenez sa jambe, poussez avec force son buste à l'aide du bras droit

Puis, en vous aidant d'une rotation du corps à gauche, tirez sa jambe vers vous et poussez son buste en avant en direction du sol : ceci le fera tomber sur le dos

JIE TI TUI BI,
BLOQUER LE COUP DE PIED ET S'INCLINER

Si votre adversaire vous attaque au niveau du buste ou à la tête en vous donnant un coup de pied circulaire gauche, parez avec l'avant-bras droit tout en crochetant sa jambe avec votre bras gauche

Retenez fermement sa jambe et faites peser votre épaule gauche sur son genou tout en vous fléchissant et en effectuant une rotation du buste à droite : cette action le fera tomber

JIE TUI GOU TI, BLOQUER LE COUP DE PIED ET RENVERSER EN CROCHETANT

Si votre adversaire vous attaque à la tête avec un coup de pied circulaire droit, parez avec l'avant-bras droit et crochetez sa jambe avec le bras gauche

Lancez la main droite vers la nuque de votre adversaire et poussez-lui la tête en bas et vers la droite. Tout en tenant fermement sa jambe levez-la en l'air

Placez votre pied droit contre son tibia gauche pour faire obstacle à son mouvement, puis continuez à pousser sa tête en bas et vers la droite, en lui soulevant la jambe gauche

Votre adversaire tombera sur le dos à votre droite

SHANG TUO,
POUSSER VERS LE HAUT POUR ENLEVER LES RACINES

Votre adversaire vous attaque en vous assénant un coup de pied gauche

Parez avec l'avant-bras gauche et amenez votre main droite contre son talon

Poussez fermement sa jambe en l'air devant vous de façon à le faire tomber en arrière

JIA JING DA TUI, EMBRASSER LA TÊTE ET PROJETER

Si votre adversaire vous attaque en vous donnant un coup de poing gauche sur la tête, parez avec la main droite

Puis effectuez un pas en avant en amenant votre pied droit près de celui de l'adversaire et faites pivoter votre corps à gauche à 180°. Faites pression avec le bas de votre dos contre son bas-ventre et enserrez son cou avec votre bras droit, tandis qu'avec le bras gauche vous bloquez son bras droit

Poursuivez votre action en tirant sa tête en avant, en direction du sol et sur la gauche, et en soulevant en même temps avec la hanche et la jambe droites le bassin et les jambes de votre adversaire

BAOTUI QIANDING, SAISIR LES JAMBES ET PROJETER

Si votre adversaire vous attaque à la tête avec un direct du droit, esquivez-le en vous baissant vers l'avant sur la gauche et saisissez-lui les jambes en plaçant votre épaule gauche contre son bas-ventre

Tirez avec force ses jambes vers vous tout en poussant son ventre avec l'épaule : votre adversaire tombera sur le dos

LES ARMES

Les armes chinoises font partie depuis des siècles du patrimoine culturel du kungfu. Dans le passé, comme aujourd'hui, la possibilité d'employer une arme au cours d'un combat était déterminante pour la bonne issue de celui-ci. Même ceux qui ne pouvaient pas, en raison de leur condition sociale ou économique, posséder une arme noble comme l'épée ou le sabre apprenaient à utiliser ce que les circonstances mettaient à leur disposition : un bâton, un banc, des outils agricoles, même les pièces de monnaie pouvaient devenir des armes efficaces dans les mains d'un expert en arts martiaux. Au cours du siècle dernier, de nombreuses écoles ont progressivement abandonné l'étude des armes dans le cadre des arts martiaux, tout en poursuivant cependant, pour respecter la tradition, la pratique des exercices et des formes. Bien qu'obsolètes, ces formes sont un excellent exercice physique et mental. Les armes du kungfu sont divisées en :

– longues et courtes ;
– rigides et flexibles ;
– de lancer.

(Photo Walter Lorini)

L'étude des armes commence en général avec le gun, le bâton long, et avec le dao, le sabre, considérés respectivement comme la base des armes longues et des armes courtes. On passe ensuite à la lance ou à la hallebarde, ou encore à l'épée. Parmi les armes flexibles, les plus célèbres sont la chaîne à neuf maillons, le marteau météore, le sanchien gun, ou bâton en trois morceaux. Le liangchien gun, plus connu sous le nom de nunchaku, est une arme du Sud moins importante. Nous vous présentons ci-après deux techniques de défense et de contre-attaque au sabre sur une attaque au sabre.

PREMIÈRE SÉQUENCE

Si votre adversaire vous attaque par un fendant diagonal de haut en bas, parez à l'aide du sabre et bloquez sa main droite avec votre main gauche

Continuez de contrôler de la main droite le sabre de votre adversaire

Coupez son abdomen par un fendant horizontal de gauche à droite

DEUXIÈME SÉQUENCE

Si votre adversaire vous attaque par un fendant de haut en bas sur la gauche, parez et bloquez en même temps son poignet avec votre main gauche

Préparez le coup en amenant le sabre derrière votre épaule droite et continuez de contrôler le bras gauche de votre adversaire

Lâchez le poignet de votre adversaire et frappez immédiatement son bras à l'aide du sabre

CONCLUSION

« Le sage désigne la lune
et le sot regarde le doigt. »
(Proverbe chinois)

Notre espoir est que ce livre ait servi non pas à connaître toutes les subtilités du kungfu, mais à en saisir la nature, le sens, la saveur. Si aucun texte ne peut remplacer totalement un bon enseignant, qui demeure indispensable pour l'étudiant qui apprend les techniques et les méthodes d'entraînement, un bon livre peut aider à trouver des réponses aux doutes qui surgissent naturellement au cours de la pratique ou à encourager le pratiquant à s'améliorer.

Nous avons essayé d'exposer simplement les bases du kungfu pour permettre aux débutants de se faire une idée claire du contenu technique et philosophique de cet art martial. Ceci les aidera dans le choix du cours qu'ils voudront suivre ou, s'il n'y a pas de gymnase à proximité, ils pourront utiliser ce livre comme guide pour s'entraîner seuls. De même, nous avons essayé de traiter de la façon la plus exhaustive possible l'histoire et la culture afin que les spécialistes puissent trouver des informations utiles et des points de réflexion. Certains pratiquent le kungfu pour se défendre, d'autres comme un sport, d'autres encore comme une forme d'expression artistique ou seulement pour rester en forme : chacun peut prendre ce qui lui est le plus utile et ce qui l'intéresse, sans pour autant ignorer les autres aspects et le contenu profondément culturel qui caractérise le kungfu.

On dit des arts martiaux qu'ils sont « un voyage sans fin » car, au fur et à mesure que l'on atteint son objectif, d'autres buts plus intéressants pointent à l'horizon, poussant le pratiquant d'art martial à progresser constamment.

L'authentique kungfu, c'est cela : une philosophie de l'action qui veut enseigner à donner le meilleur de soi dans toutes les situations ; à la fin, la technique devient un instrument pour progresser dans son corps et dans son esprit. Si nous sommes parvenus à vous transmettre cette façon de voir, si finalement nous sommes parvenus à vous désigner la lune et pas seulement à vous montrer le doigt, alors nous avons atteint notre but.

TABLE DES MATIÈRES

Achevé d'imprimer en juin 2000
à Milan, Italie,
sur les presses de Grafiche Mazzucchelli S.p.A.

Dépôt légal : juin 2000
Numéro d'éditeur : 6499